Helga Baumgärtel

Kochkunst für Kosmopoliten

Internationale Gerichte und ihre Geschichte

Helga Baumgärtel

Kochkunst für Kosmopoliten

Internationale Gerichte und ihre Geschichte

Mit 50 Zeichnungen
von Vera Bauer

edition q

CIP-Titelaufnahme der Deutschen Bibliothek

Baumgärtel, Helga:
Kochkunst für Kosmopoliten : Internationale Gerichte und ihre Geschichte / Helga Baumgärtel. Mit 50 Zeichn. von Vera Bauer. – Berlin : Ed. q. 1990
ISBN 3-9801163-8-7

Umschlagzeichnung von Vera Bauer, Berlin
Satz und Druck: Bosch-Druck, Landshut
Bindearbeiten: Lüderitz & Bauer GmbH, Berlin

ISBN: 3-9801163-8-7
Printed in Germany

Vorwort

Mit dem Wörtchen ,,man nehme . . .'' haben Generationen von Kochbüchern begonnen. Im Zeitalter der ,,kulinarischen Aufklärung'' halte ich eine buntbebilderte Rezeptesammlung eher für eine Einbahnstraße in die Unmündigkeit.

Nicht erst seit Tschernobyl und dem neuen Öko- und Bio-Bewußtsein der achtziger Jahre wollen auch die modernen ,,Kulinariker'' wissen, womit sie umgehen. Auf dem Markt wie auf dem Eßtisch.

Und wie, wodurch, warum unsere Nahrungsmittel gedeihen, auf diesem wie auf anderen Kontinenten, das ist oft spannender als ein TV-Krimi. Ein Kochbuch zum Lesen sollte es werden, was Sie jetzt in den Händen halten. Für alle modernen Menschen, die mehr wissen wollen als nur ,,man nehme . . .''

Denn eines ist sicher: Mehr Wissen fördert Kreativität. Und Kreativität am Herd ist eines der schönsten Lust-Prinzipien, das ich kenne.

Dieses Buch lädt zum Spielen ein, zum Puzzeln mit Gerichten, zum Schmökern und Verschenken an aufgeklärte Kulinariker und solche, die es werden wollen.

Daß der „flüssige Stoff" dabei einen großen Raum einnimmt, versteht sich von selbst. Die Harmonie von Speis' und Trank ist jahrelang ein Stiefkind der Gourmetszene gewesen, leider. Aber auch diese Lücke können Sie schließen durch die einzelnen Getränkekapitel oder die Weinempfehlungen zu den Menüs. Die Weine liegen allerdings überwiegend im trockenen Bereich.

Auch hier kann man also genußvoll probieren und variieren. Über Geschmack läßt sich nun mal nicht streiten – man hat ihn.

In diesem Sinne: fröhliches Lesen, Kochen und Genießen.

Helga Baumgärtel

Inhalt

Apfel

ein paradiesisches Früchtchen

Ein schönes Früchtchen fällt uns im Spätsommer frisch vom Baum direkt in den Schoß. Rotbackig und unschuldsvoll liegt es überall auf den Märkten in seiner Steige, appetitlich und gesundheitsförderlich, als hätte es niemals die Menschheitsgeschichte gründlich auf den Kopf gestellt.

Dabei hat es doch alles angefangen mit einem Apfel. Damals, im Paradies, als Adam dem verführerischen Früchtchen in Evas Hand nicht widerstehen konnte. Das Paradies bleibt uns seither bekanntlich verschlossen.

Auch der Trojanische Krieg wäre unterblieben, hätte die zanksüchtige Eris nicht den Apfel des Paris in die Götterrunde gerollt.

Wilhelm Tell hat ja noch Glück gehabt, als er treffsicher den Apfel auf dem Kopf seines Sohnes erwischte und nicht das Knäblein selbst. Sonst hätte Schiller vermutlich das Eidgenossen-Drama um ein paar Fortsetzungen verlängern müssen. Der Apfel, das Symbol der Verführung, rollt wie eh und je durch Kunst und Kriege, über die Bühne und im Schlager, durch Schlankheitskuren und Zahnpastareklamen.

Heute aber präsentiert er sich nur noch glatt und glänzend, pflegeleicht und wurmlos, ertragreich und lagerfähig, wie es dem Zeitgeist entspricht. Aber leider auch ziemlich geschmacksneutral.

Vorbei sind die Zeiten, als noch 100 verschiedene Apfelsorten in deutschen Landen geerntet wurden. Die kann man heute nur noch im Museum des Grafen Bernadotte auf der Insel Mainau bewundern. Oder auf zwei Hektar Wiese in der Haseldorfer Elbmarsch, wo das Kieler Landwirtschaftsministerium zur Rettung der Apfelkultur ,,Opas Obstgarten'' neu anlegen ließ mit aussterbenden Sorten, die wir nur noch vom Hörensagen kennen: ,,Altländer Pfannkuchen'' oder ,,Gelber Richard'', ,,Ruhm von Kirchwerder'' oder der klassische ,,Kaiser Wilhelm''.

Zwar konsumieren wir Deutschen im Jahr pro Kopf rund 40 Kilo Äpfel. Aber zum Kummer der Pomologen, der Obstkundigen, sind die Inlandäpfel überwiegend auf vier Hauptsorten geschrumpft: die ,,Golden Delicious'', gefolgt von ,,Cox'', ,,rotem Boskop'' und ,,Gloster''.

Wer die würzigen, fruchtig-aromatischen, aber rar gewordenen Apfelklassiker, wie zum Beispiel die rotgold geflammte Goldparmäne, finden will, muß lange suchen.

Auch die ersten Cox Orange mit ihrer zimtartigen Süße geben Apfelgerichten ein ganz anderes Aroma, als viele wäßrig-überdüngte, auf Hochglanz polierte Langweiler aus südlichen EG-Regionen.

Die gesundheitsfördernde Wirkung des Apfels haben nicht erst die Amerikaner entdeckt mit ihrem Slogan: An apple a day keeps the doctor away – ein Apfel pro Tag macht den Doktor überflüssig.

Längst ist die Wirkung des Apfelpektins entschlüsselt, das als natürliches Antibiotikum Keimen und Bakterien den Garaus macht. Apfel bei Verdauungsstörungen, zur Entwässerung und gegen Hautunreinheiten. Sämtliche physiologischen Bereiche haben sich schon des vitaminreichen und kalorienarmen Früchtchens bemächtigt.

Unsere Vorfahren haben zwar nicht um seine Ursachen, aber um die Wirkung gewußt. Apfelplantagen gab es schon vor 5000 Jahren, von Pharao Ramses II im Nil-Delta angelegt.

Äpfel kannten genauso die alten Germanen, wie man bei Ausgrabungen der Pfahlbauten am Bodensee feststellte.

Der paradiesische Apfel vom Baum der Erkenntnis heißt im Urtext der Bibel allerdings nur „Frucht".

Zu Unrecht also machen die Dichter den Apfel dafür verantwortlich: „Daß heute noch im Paradies der erste Mann, der Adam säße und nur erlaubtes Fallobst äße, den Apfel ließ unberührt, hätt' nicht die Eva ihn verführt" (Eugen Roth).

Historisch genausowenig belegt ist das griechische Götterdrama um den Apfel des Paris. Als die zanklustige Eris das Früchtchen mit der Aufschrift „laßt die Schönste ihn nehmen" in die Götterrunde warf, versprach Hera dem schiedsrichternden Paris königliche Größe, Athene lockte ihn mit Kriegsglück, nur Aphrodite bestach ihn mit der Aussicht auf die schöne Helena. Diese allerdings mußte erst noch geraubt werden und bescherte so den Stückeschreibern das Drama des Trojanischen Krieges.

Wie befruchtend der Apfel auf Dichter und Denker wirkte, zeigte sich bei Johann Christoph Friedrich von Schiller. Er pflegte in seinem Dichterpult stets ein paar faulende Äpfel aufzubewahren. Der süßlich-schwere Duft animierte ihn offensichtlich zu so nachhaltiger Produktion, daß heute noch der Deutschunterricht davon zehrt.

Welche der rund 20000 Apfelsorten, die es auf der Welt gibt, Schiller seinerzeit bevorzugte, ist allerdings nicht überliefert.

Wir hingegen bevorzugen die frischen sonnengereiften Sommer- und Herbstäpfel für unseren kulinarischen Reigen rund um den Apfel.

Als Sonntagsbraten oder für ein Gästemenü ist der „ordinäre" Schweinebraten ein wenig aus der Mode gekommen. Erstens wegen der Kalorien, zweitens wegen des Cholesterins und drittens, weil ihm nichts Festliches anhaftet. Dabei kann man „Miss Piggy's" Artgenossen mit Äpfeln gar köstlich zu einem Festtagsmenü für beliebig viele Personen umfunktionieren – wenn man das richtige Stück Fleisch wählt.

Für den

Schweinerollbraten mit Ingwer-Apfelsauce ◄

lassen Sie sich vom Metzger das Kotelettstück auslösen (pro Person 200 Gramm) und zu einem Rollbraten binden.

Zutaten für vier Personen
800 g Fleisch
3 Cox Orange
1/4 l Cidre (oder Apfelsaft)
1 EL Calvados
1 TL feingehackter Ingwer
1/2 TL gehackter Knoblauch
1 Messerspitze Koriander, gemahlen
0,2 l Crème fraîche
Salz, Cayennepfeffer
neutrales Öl zum Braten

Zubereitung

Den Backofen auf 180° vorheizen. Den Rollbraten salzen und pfeffern und in einem Schmortopf in Öl von allen Seiten kurz anbraten. Crème fraîche und Calvados mischen und zur Seite stellen. Die Gewürze und den Cidre zusammenmixen und damit den Braten ablöschen. Deckel auf den Topf und den Braten im Ofen 50 Minuten garen.

Inzwischen die Äpfel schälen, achteln und evtl. mit ein paar Spritzern Zitrone beträufeln. Nach Ende der Bratzeit die Äpfel um den Braten legen und noch einmal (ohne Deckel) zehn Minuten mitdünsten. Braten und Äpfel herausnehmen.

Den Bratensaft abkratzen, die Crème fraîche angießen und

alles noch einmal etwas einköcheln lassen. Mit Cayenne pfeffern. Inzwischen den Bindfaden entfernen, den Rollbraten in Scheiben schneiden, mit den Apfelspalten umlegen und mit einem Teil der Sauce begießen. Die restliche Sauce getrennt reichen. Dazu schmecken rohe Klöße in der Größe eines Pingpongballs mit einem gerösteten Stück Weißbrot in der Mitte.

Es gibt kaum ein klassisches Gericht in der Normandie, das ohne Äpfel auskommt. Sei es in fester oder in hochprozentiger, flüssiger Form. Besonders die frische Seezunge von der Kanalküste wird oft mit einer Apfelsauce vermählt. Wir haben mit unseren frischen Forellen einen mindestens ebenbürtigen „Grundstoff" für ein delikates Fischgericht, die

➤ Forellenfilets mit Apfelfarce überbacken

Zutaten für vier Personen
4 kleine Forellen, die Filets auslösen lassen
200 g Kabeljau
200 g Champignons
1 mürber Apfel

Zubereitung

Die Filets nebeneinander in eine gebutterte feuerfeste Form legen. Den Backofen auf 180° vorheizen. Den gewürfelten Kabeljau, die ge-

4 gehackte Schalotten
2 Eiweiß
0,2 l Crème fraîche
0,25 l trockener Weißwein
1 EL Weißwein
1 TL Zitronensaft
Salz, Pfeffer
2 EL Butter

putzten Champignons, den geschälten, kleingeschnittenen Apfel und die Hälfte der Crème fraîche im Mixer pürieren. Eiweiß, Salz und Pfeffer hinzugeben und noch einmal kurz durchmixen. Mit dieser Farce die Filets dick bestreichen. Schalotten darüberstreuen. Den Weißwein angießen. Die Form mit Alufolie abdecken und im Ofen acht Minuten garen.

Die Folie abnehmen und noch einmal vier Minuten (bei Oberhitze) überbacken.

Die Filets gibt man entweder direkt auf vorgewärmte Teller oder auf eine Platte. Der Garsaft wird mit Calvados, der restlichen Crème fraîche und dem Zitronensaft kräftig aufgekocht und getrennt als Sauce gereicht.

Dazu passen am besten – schlichte Pellkartöffelchen.

Klar, daß ein Apfelpfannkuchen, das Lieblingsgericht unserer Kindheit, auch nicht fehlen darf. Aber *dieser* Apfelpfannkuchen (des Österreichers Eckart Witzigmann) ist schon eine besondere Delikatesse. Er ist karamelisiert mit frischen Schälnüssen, die im Herbst auf den Markt kommen. Zwar ist es etwas mühsam, das weiße Häutchen der frischen Walnüsse abzupellen (wenn man die aufgeknackten Nußstücke in Milch aufkocht, geht's leichter), aber das kann man ja vorbereiten für den leckeren

➤ Apfelschmarrn mit Karamel-Nüssen

Zutaten für vier Personen
für den Teig:
60 g Mehl
2 cl Milch
6 Eier
1/2 TL Vanillezucker
1 TL brauner Rum
etwas abgeriebene Zitronenschale
40 g Butter
für die Garnitur:
2 säuerliche Äpfel
20 frische Walnüsse (Schälnüsse)
40 g Butter
50 g Puderzucker
2 TL Kristallzucker

Zubereitung

Den Backofen auf 200° vorheizen. In einer feuerfesten Form 20 Gramm Butter zerlaufen lassen. Die Zutaten für den Teig schnell zusammenrühren, in die Form gießen und in den Backofen stellen. Wenn der Teig oben trocken wird, läßt man weitere 20 Gramm Butter seitlich einlaufen und dreht die Teigplatte um. Hat der Schmarrn etwas Farbe angenommen, zerpflückt man ihn mit zwei Gabeln, bestreut ihn mit der Hälfte des Puderzuckers, gibt einige Butterflöckchen darüber und schiebt ihn noch

einmal kurz in den Ofen, bis er zart karamelisiert.
Inzwischen die Äpfel schälen, vierteln und in dünne Spalten schneiden. Die restliche Butter mit dem Kristallzucker in einer Pfanne hellgelb karamelisieren. Die Apfelspalten hinzugeben, drei Minuten glacieren lassen, dann die geknackten und entpellten Nüsse hineingeben, umrühren, bis alles mit der Zuckerglasur überzogen ist. Der Schmarrn wird auf vier Teller verteilt, mit den Äpfeln und den Nüssen dekoriert und mit dem restlichen Puderzucker bestäubt.

Die köstlichste Apfeltorte, die ich kenne, haben die französischen Schwestern Tatin in Solonge ,,erfunden'' und damit nicht nur einen Kochwettbewerb gewonnen, sondern auch weltweiten Ruhm erlangt. Die karamelisierte Apfeltorte, als Dessert oder zum Nachmittagskaffee geeignet, wird ,,kopfüber'' gebacken und ist heute dank des fertigen Tiefkühl-Blätterteigs ein Kinderspiel.

➤ Glacierte Apfeltorte Tatin

Zutaten für vier Personen
2,5 Pfund Golden Delicious oder Cox Orange
125 g Butter
250 g Zucker
180 g Tiefkühlblätterteig
0,2 l süße Sahne
0,2 l Crème fraîche

Zubereitung

Den Blätterteig (gut die Hälfte des Fertigpakets) nach Vorschrift auftauen und zu einem Kreis von zwei Zentimetern Dicke und 26 Zentimetern Durchmesser ausrollen. Den Backofen auf 220 Grad vorheizen. Nun die Äpfel schälen, halbieren und das Kerngehäuse ausstechen. Die Butter mit dem Zucker in einer feuerfesten Tortenform von 24 Zentimetern Durchmesser auf der Herdplatte hellgelb karamelisieren lassen. Die Apfelhälften dicht an dicht mit der Schnittfläche nach oben in die Form setzen und bei sehr starker Hitze (wichtig, damit der Saft ver-

dunstet) ca. 20 Minuten glacieren. Dann die Blätterteigplatte darüberlegen, die Form in den Backofen schieben und rund 12 Minuten backen. Die Torte etwas auskühlen lassen und (das ist die einzige Schwierigkeit) vorsichtig auf eine Platte stürzen, so daß die Äpfel oben liegen.

Dazu reicht man eine ,,fließende Mischung'' aus halb Schlagsahne, halb Crème fraîche.

Cidre und

Calvados,

das flüssige Gold der Normandie

Bei jeder Gemüts- und Wetterlage, zu jeder Tages- und Jahreszeit finden die Franzosen im nördlichsten Zipfel Frankreichs einen Grund, ein Gläschen Calvados zu kippen.

Erstens, weil es wärmt bei den stürmisch-kalten Atlantikwinden, zweitens, weil es die Stimmung hebt, und drittens, weil es verdauungsförderlich ist für die dicken Crème-fraîche-Saucen aus den Küchen der Normandie. „Trou normand" – das normannische Loch, heißt deshalb das beliebte Gläschen Calva' zwischendurch, das Platz im Magen schaffen soll für den nächsten kalorienreichen Gang.

„**W**ie Äpfel in der Normandie", sagen die Franzosen, wenn sie sinngemäß meinen: wie Sand am Meer.

Und tatsächlich ist das ganze weite Land zwischen der belgischen Grenze im Westen und dem Mont St. Michel im Osten, zwischen Dieppe im Norden und Alençon im Süden eine einzige Apfelplantage. Im Frühling übersät mit Milliarden pastellfarbener Blüten, im Herbst mit kleinen rotgelben Äpfelchen.

Knapp 500 verschiedene Sorten sind es, von süß bis sauer. Es sind zwar keine Eßäpfel, aber es ist der beste Grundstoff für den schwach alkoholischen Apfelmost, den Cidre, und den höherprozentigen Calvados.

Sehr französisch klingt der Name Calvados eigentlich nicht – er kommt uns eher spanisch vor. Und tatsächlich waren die Spanier an allem schuld . . .

Zwar wurden schon zu Zeiten Karls des Großen die normannischen Apfelbäume veredelt, Apfelmost gewonnen und später auch Apfelschnaps gebrannt. Es muß aber ein schlimmes kratzig-rauhes Gesöff gewesen sein. „Lebenswasser aus Apfelmost" wurde es in Ermangelung eines hübschen Namens genannt.

Bis die Spanier kamen – wenn auch ziemlich unfreiwillig. Als 1588 der spanische König Philip II. seine unbesiegbare Armada gen England schickte, zerschellte eine prachtvolle Caravelle mit Namen „El Calvador" im Sturm an einem Felsen der Normandie.

Erst wurde der Fels nach dem Segelschiff benannt, später das ganze Département. Wobei die spanische Endung auf „r" unmerklich zum französischen „s" mutierte. Und schließlich nannte man auch das hochprozentige Produkt dieser Landschaft so.

Aus dem scharfen ,,Leberkiller'' ist inzwischen ein sorgfältig kontrollierter Edelstoff geworden. Etwa ab Dezember werden die verschiedenen Apfelsorten zerkleinert, sanft gepreßt und in Holzbottichen ohne Zusätze vergoren. Das ergibt erst mal den Cidre. Zum Calvados wird der Apfelmost dann in der Brennerei.

Im ,,Pays d'Auge'', dem Herzstück der Normandie, wo auch der köstliche Camembert beheimatet ist, destilliert man ihn nach dem Cognac-Verfahren in zwei getrennten Brennvorgängen. In den übrigen Regionen nach dem Armagnac-Verfahren in zwei zeitlich zusammengefaßten Destillationen. Den Unterschied zwischen beiden Verfahren schmecken kaum die Experten, geschweige denn der Laie. Aber die Diskussion um die ,,bessere Methode'' wird sicher noch genauso lange dauern, wie es Äpfel in der Normandie gibt.

W*as* man hingegen schmeckt, ist das Alter des Calvados. Je länger er in seinen Eichenfässern reift, um so weicher und dunkler wird er. In der Jugend kann er sich noch etwas rauh gebärden. Das Alter (und den höheren Preis) können Sie am Etikett ablesen:

- drei Sterne oder Äpfel bedeuten zwei Jahre Faßreife
- Vieux Réserve entspricht drei Jahren
- V.O. Vieille Réserve heißt vier Jahre
- V.S.O.P. fünf Jahre

und die Begriffe ,,Extra'' oder ,,Hors d'Age'' oder ,,Napoléon'' oder ,,Age Inconnu'' signalisieren minimum sechs Jahre.

Wir Bundesdeutschen sind schon seit geraumer Zeit die Nummer eins auf dem Calvados-Exportmarkt. Weit über eine Million Flaschen und 40 verschiedene Sorten kommen alljährlich über unsere Grenze.

Sogar die Demoskopen haben sich schon des typisch deutschen Calva'-Konsumenten angenommen. Er ist 30 bis 40 Jahre alt und mit einer höheren Bildung sowie Einkommensstufe gesegnet. Frauen sind als Konsumenten mal wieder „außen vor" – Hochprozentiges ist noch immer ein Stoff für ausgepichte Männerkehlen.

Zugegeben, Calva' pur schmeckt mir am besten als wärmendes Feuerchen nach einem stürmischen Strandspaziergang entlang der bizarren Kreideklippen der Kanalküste. Aber als Mixstoff ist Calvados ein Cocktail-Chamäleon: Er paßt sich hervorragend allen fruchtigen und weinigen Partnern an.

Gar köstlich fand ich einen Cocktail, den mir Calva'-Brenner Philippe Bizouard an einem warmen Septembertag unter den Apfelbäumen seines Schlößchens in Breuil-en-Auge servierte, gemixt aus:

1/3 Calvados
1/3 Pampelmusensaft
1/3 Cointreau

Alles im Shaker auf Eis schütteln und dann durchseihen. Die Mischung ist sommerlich erfrischend, aber nach dem dritten Glas färbt sich die Welt von rosarot bis – himmelblau!

Weniger explosiv ist der Lady-Cocktail aus:

3 cl Calvados
3 cl Grenadine-Sirup
2 cl Limettensaft

Kurz gemixt, schmeckt er pur oder auch mit Cidre zu einem Longdrink aufgefüllt. Und da die Herbststürme in der Normandie auch nicht von schlechten Windsbräuten sind, haben die Normannen natürlich auch ihr stärkendes Calva'-Kaffeerezept: Eine Tasse starker Kaffee wird mit einem Eßlöffel voll Calva' gemischt und mit dicker süßer, angeschlagener Sahne gekrönt.

Austern,

Muscheln & Co.

Der Weltmeister wetzt die Stahlklinge, setzt die Messerspitze gezielt auf das Hinterteil der Auster, sticht zu, ritscht einmal nach links, ratscht einmal nach rechts, und schon liegt die edle Kelly-Auster Größe 4 glänzend-rosig in ihrem Perlmuttbett vor dem staunenden Publikum.

Nur eine Routinesache ist das für Josie Burke, dem zweifachen Weltmeister im Austernöffnen, aus dem irischen Hafenstädtchen Galway. Zwei Minuten und 40 Sekunden für 30 korrekt geöffnete Austern war die Bestzeit dieses Mannes.

„**U**nd wenn ich so nachdenke", sinniert der wortkarge Ire und wiegt bedächtig das Haupt, „habe ich in meinem Leben schon an die drei Millionen Austern geknackt."

Respekt, Respekt!

Josie Burke reicht mir sein Weltmeistermesser. „You want to try?"

Das staunende Publikum vor dem Mövenpick-Restaurant rückt näher. Vorsichtshalber streife ich mir einen Stahlnetzhandschuh über, wie ihn Metzger an der Wurstmaschine tragen, bette die Auster mit dem gewölbten Teil nach unten in die linke Hand und setze mit der rechten das Messer an.

Es knirscht nur dumpf im Muschelkalk, ein paar Splitter fliegen umher, das ist alles. Der Deckel rührt sich nicht.

Auster Nr. 2 kriege ich zwar auf, aber das arme Tierchen liegt durch mein Gefummel hoffnungslos zerstückelt in seinem Bett. Erst die dritte Auster überläßt mir nach 38 Sekunden Kampf ihr schützendes Dach.

Applaus des umstehenden Publikums brandet auf. „Es ist noch kein Weltmeister vom Himmel gefallen", tröstet mich unter den Zuschauern der Herr mit dem Kuchenpaket unter dem Arm. Immerhin: Josie Burke hat mir ja auch 2999997 Übungen voraus . . .

Daß sogar Weltmeisterschaften um ihren teuren Leib ausgetragen werden, zeugt vom Ruhm und Glanz des sagenumwobenen Meerestierchens, das schon die Steinzeitmenschen beschäftigte und jetzt auch uns. Zusammen mit seinen „armen Schwestern", den Mies- und Jakobsmuscheln, die viel weniger kosten und – wenn gekocht – auch Leuten munden, die bei der rohen Auster nur „igittigitt" sagen.

Austern liebt man – oder man kann sie nicht ausstehen. Bei kaum einer anderen Delikatesse sind die Meinungen so geteilt wie bei der *Ostrea edules* – der Edelauster.

Es gibt Gourmets oder, besser gesagt: Gourmands, die vier Dutzend auf einen Streich schlürfen, das nußartig schmeckende, gallertähnliche Fleisch entzückt am Gaumen zerdrücken und mit einem Schluck salzigen Meerwassers aus der Schale genießerisch nachspülen.

Casanova war so einer oder auch unser eiserner Kanzler Bismarck. Von Maria Leszczynska, der Gemahlin Ludwigs XV., heißt es, sie hätte am Abend 300 Stück verputzen können. Wie sie das ohne Eiweißschock (die Auster enthält immerhin 9 % Eiweiß) überstanden hat, ist mir ein Rätsel. Dafür gebar sie ihrem Gemahl allerdings zehn Kinder, was einige Leute noch heute auf die Wirkung der Austern zurückführen.

Die Austerngegner sind beinahe ebenso zahlreich vertreten: Sie finden das glibberige, geleeartige Austernfleisch einfach unappetitlich, haben Angst vor Vergiftung, Hepatitis und ähnlichen Scheußlichkeiten. Was beim umweltverschmutzten Atlantik – die Auster filtert immerhin bis zu 170 l Meerwasser pro Tag durch ihre Muschel – schließlich nicht ganz von der Hand zu weisen ist.

„**D**ie Gesetze für Austernzüchter sind heutzutage so knallhart, daß da kaum mehr etwas passieren kann", beruhigt Austernimporteur Dirk-Michael Brumm aus Hamburg.

„**I**n den Zuchtparks werden zum Beispiel täglich Wasserproben entnommen. Und wenn etwas nicht stimmt, wird die Zucht sofort aufgelassen. Jede Austernkiste bekommt überdies ein Gesundheitszeugnis mit auf die Reise. Und sollte eine Auster tatsächlich verdorben sein, riechen und schmecken Sie das bestimmt vorher!"

Was mich an der Auster stets fasziniert hat, ist ihr Zwitterleben. Je nach Wassertemperatur wechselt sie im Abstand von ein bis vier Jahren ihr Geschlecht. Mal Männlein, mal Weiblein.

Welch fantastische Aussichten, könnte man das auf den Homo sapiens übertragen. Wir hätten unser modernes Emanzipationsgerangel auf einen Schlag gelöst. Jeder hätte die Chance, die Probleme des anderen Geschlechts am eigenen Leibe wechselwirkend zu erfahren!

Eine klassische Regel besagt: Austern sollen nur in den Monaten mit „r" verzehrt werden, also von September bis April.

„Erst ab Januar", sagt sogar Austernprofessor Paddy O'Cedeigh von der Universität Galway, „wird die Auster richtig gut."

Ab Juni laicht die Auster in ihren künstlichen Parks entlang der Atlantik- und der Nordseeküste. Wobei sie ein bis zwei Millionen Eier in die Gefahren des Meeres entläßt, von denen vielleicht nur zehn Stück überleben und in vier Jahren arbeitsintensiver Behandlung durch den Züchter wieder zu Gourmetfreuden heranwachsen.

Ab Juni also ist die Auster mit ihrer Vermehrung beschäftigt und nur noch ein magerer, kraftloser Schatten ihrer selbst.

Die verwirrende Vielfalt der Austernarten (weltweit über 100) ist durch Euronormen und Zuchtbetrieb auch für den Verbraucher einigermaßen überschaubar geworden. Im Grunde gibt es bei uns heute nur zwei Arten:

Die Ostrea edules, die Edelauster, flach und annähernd rund in der Form. Dazu zählen die holländische Imperial, die englische Colchester (von Kennern als die Krönung bezeichnet), die dänische Limfjord, die französische Belon und die irische Kelly. Leider ist die Edelauster so teuer geworden, daß sie heute immer stärker von der zweiten Art verdrängt wird: der Gigas oder Felsenauster. Sie ist länglich, gewölbt und gezackt und schon, je nach Größe, ab 2 DM pro Stück zu haben.

Für meinen Geschmack ist sie etwas „ordinärer" als ihre zartfleischige Edelschwester und schmeckt mehr nach Seewasser, Tang und Algen.

Weltweit, so hat ein fleißiger Rezeptsammler einmal ausgerechnet, gibt es 114 Zubereitungsarten für die Auster. Ob pochiert, frittiert oder gratiniert – der Kenner ißt die Auster am liebsten roh, von einem Bett aus zerstoßenem Eis oder Algen, vielleicht noch mit einem Spritzer Zitrone oder einem Hauch Pfeffer. Gebuttertes Schwarzbrot dazu und – basta.

So genossen, inspirierte die Auster Heinrich Heine einst zu den Versen:

Ich danke dem Schöpfer in der Höh',
Der durch sein großes „Werde!"
Die Auster geschaffen in der See
Und den trockenen Wein auf Erde.

Der auch Zitronen wachsen ließ,
Die Austern zu betauen –
Nun laß mich, Vater, in der Nacht
Das Essen gut verdauen!

Machen wir einen kleinen Sprung hinüber zu den „armen Schwestern" der Auster.

So „mies", wie ihr Name zu signalisieren scheint, ist sie nämlich gar nicht, die Mies- oder Pfahlmuschel. Ganz im Gegenteil!

Ich würde sie eher als die „Auster des kleinen Mannes" bezeichnen. Immerhin werden jährlich vor der europäischen Küste 300 000 Tonnen Miesmuscheln geerntet – und verputzt. Die Schalen natürlich abgerechnet. Die benutzt man höchstens als Greifbesteck, um das üppige Muschelfleisch aus der Schale zu lösen. Auch die Miesmuschel betätigt sich als Gesundheitspolizei des Meeres. Mittels ihres Byssusfadens fest an einen Gegenstand geheftet, ob Pfahl oder Stab, filtert sie zwei Liter Meerwasser in der Stunde.

Muschelzucht und Ernte werden ebenfalls streng überwacht. Außerdem kommen Miesmuscheln bei uns nur in gekochter Form auf den Tisch. Und daß man noch geschlossene Muscheln niemals gewaltsam öffnen sollte, ist bekannt.

Unsere Großmütter mußten sich für ein Muschelgericht noch die Finger wundbürsten. Wir haben es da mit den sogenannten „topffertigen", etwas teureren Miesmuscheln sehr viel leichter. Sie müssen nur noch unter kaltem Fließwasser so lange gespült werden, bis das Wasser klar bleibt.

Das klassische Rezept zum Muscheldünsten stammt von meiner rheinischen Großmutter. Sie ließ in einem großen Topf gut 1/8 Pfund Butter zerlaufen, bereitete darauf ein Bett von zwei gehackten Zwiebeln aus, gab etwas Salz, Pfeffer und ein Lorbeerblatt hinzu und schüttete die abgetropften Muscheln darauf. Erst bei starker, dann bei mittlerer Hitze (und geschlossenem Deckel!) brauchen die Muscheln etwa acht bis zehn Minuten, um gar zu werden. Topf dabei mehrmals rütteln!

Wenn Sie die Muscheln in Suppenteller füllen und den Sud, noch mit Sahne und Weißwein kurz aufgekocht, darübergießen, dann haben Sie ein klassisches Grundrezept.

In jedem Fall aber müssen die Muscheln für unsere verfeinerten Rezepte wie eingangs beschrieben gedünstet werden.

Überbackene Miesmuscheln provenzalisch

sind jedem Mittelmeer-Urlauber ein kulinarischer Begriff. Man kann sie als Vorspeise oder als leichtes Abendgericht für Gäste zu Wein und knackigem Stangenbrot servieren. Und – man kann sie vorbereiten.

Zutaten für vier Personen
Vier Dutzend große Miesmuscheln
250 g weiche Butter
8 EL Semmelbrösel
4 cl trockener Weißwein
3 feinstgehackte Knoblauchzehen

Zubereitung

Die Muscheln werden gekocht, die Schalen in zwei Hälften auseinandergebrochen und das Muschelfleisch herausgelöst. Nun sucht man sich jeweils eine schöne, intakte Schalenhälfte heraus

2 EL feingehackte Petersilie
2 EL feingehackter Kerbel
2 große Zwiebeln

und setzt eine Miesmuschel hinein.

Für die Füllung werden zuerst die Semmelbrösel mit dem Weißwein befeuchtet und dann mit 200 g Butter, den Kräutern und der Bröselmasse mittels einer Gabel gut verknetet.

Von der Masse setzt man ein Löffelchen voll in jede Muschelhälfte und streicht sie glatt. Zum Überbacken werden die Muscheln nebeneinander auf ein Backblech gereiht (damit sie nicht „wackeln", setze ich sie auf ein Bett von Salz). Soweit die Vorbereitung.

Kurz vor dem Essen wird der Backofen auf 200° Oberhitze vorgeheizt und die Muscheln 3 bis 5 Minuten gratiniert.

Noch beeindruckender für Gäste ist das

Muschelragout mit Blätterteighut

Klingt kompliziert, ist es aber nicht. Sie brauchen dazu lediglich feuerfeste Tassen. Das pilzförmig aufgetriebene Teighütchen darüber ist der besondere Gag.

Zutaten für vier Personen
3 Pfund Miesmuscheln
2 große Zwiebeln
1 Paket Blätterteig, tiefgekühlt
2 Bund Suppengrün
2 gehackte Schalotten
150 g Egerlinge (Champignons)
1 Knoblauchzehe
1 TL feingehackte Petersilie
0,2 l Sahne
125 g Butter
2 Eigelb
Lorbeerblatt, Salz, Pfeffer

Zubereitung

Den Blätterteig auftauen. Die Miesmuscheln, wie eingangs beschrieben, weichdünsten. Danach die Flüssigkeit auffangen und das Muschelfleisch auspulen.

Nun die Schalotten mit 40 g Butter in einem mittelgroßen Topf glasig dünsten, das feingehackte Suppengrün, die gehackte Knoblauchzehe und die in Scheiben geschnittenen Champignons hinzugeben. Mit einer Tasse Muschelfond und der Sahne angießen und alles 10 bis 15 Minuten bei offenem Deckel etwas einkochen lassen. Zum Schluß das Muschelfleisch und die Petersilie untermischen, salzen, pfeffern und in vier Tassen füllen.

Den Blätterteig ausrollen (es gelingt besser, wenn Sie noch etwas Butter unterkneten), vier runde Teigplatten ausstechen, die 3 cm größer sein müssen als der Tassendurchmesser. Die Kreise beidseitig mit Eigelb bestreichen. Über die Tassen legen und andrücken. Im vorgeheizten Ofen (200°) ca. acht Minuten backen, bis der Teig zu einem goldbraunen Hut aufgegangen ist.

Für eine große Ölfirma diente sie als Symbol, unseren Großmüttern als Näpfchen für das Festtags-Ragout fin: die Jakobsmuschel. Ihren Namen erhielt sie von den Pilgern auf deren Weg zum Grab des Heiligen Jakob im spanischen Compostela. Die Muschel war für sie Trinkgefäß, Souvenir und Pilgersymbol zugleich.

Eine Renaissance erfuhr die ,,Coquille St. Jacques'' durch die ,,französelnde'' Welle in deutschen Küchen.

Zwischen Oktober und März kommt sie frisch auf den Markt und muß ähnlich (mühsam) geöffnet werden wie die Auster.

Für unsere Zwecke jedoch reicht die tiefgefrorene (ohne den rotfarbigen Rogen, das sogenannte Corail) vollkommen aus.

Ein ganz besonderer Effekt, optisch und kulinarisch, ist ein

Salat Nouvelle mit Koriander-Muscheln ➤

Zutaten für vier Personen

1 Kopf Friseesalat
200 g Feldsalat
2 Köpfchen Radicchio
1 Paket tiefgefrorene Jakobsmuscheln
Koriander, gemahlen
30 g Butter
für die Vinaigrette:
1/2 Tasse Walnußöl
1/2 Tasse Traubenkernöl
1/3 Tasse Balsamico-Essig
Salz, Pfeffer, 1 Messerspitze frisch gepreßter Knoblauch

Zubereitung

Die Jakobsmuscheln auftauen (am schonendsten über 12 Stunden im Kühlschrank). Kurz vor dem Essen werden alle drei Salatsorten auseinandergezupft, gut gewaschen und im Küchentuch trockengetupft.

Nun breitet man auf vier Tellern jeweils von außen nach innen einen Kranz fein zerzupften Friseesalats, dann einen Kranz Feldsalat aus und füllt das Kreisinnere mit Radicchio auf.

Die Zutaten für die Vinaigrette werden in einem Becher kräftig gemixt. Zum Schluß zerteilt man die Jakobsmuscheln in mundgerechte Happen, brät sie in der restlichen Butter (das dauert je nach Auftaugrad 4 bis 8 Minuten) und bestäubt sie mit einem Hauch Koriander. Die Muscheln setzt man hübsch ver-

teilt auf das Salatbett und gießt die Vinaigrette löffelweise darüber.

Wenn Sie einmal bei sich zu Hause wie in einem Drei-Sterne-Restaurant speisen wollen, können Sie ein (ganz einfaches) Rezept von Heinz Winkler für anspruchsvolle Gäste nachkochen:

➤ Jakobsmuscheln in Orangen-Basilikum-Sauce

mit Wildreis serviert, wird es zum Hauptgericht. Hier ist es als Vorspeise berechnet.

Zutaten für vier Personen
1 Paket Jakobsmuscheln, tiefgefroren
1 Orange
6 cl Weißwein
2 cl Noilly Prat-Vermouth
0,4 l Hühnerbrühe
230 g Butter
8 Basilikumblätter
10 grüne Pfefferkörner
Zitronensaft, Salz

Zubereitung

Die Muscheln über mindestens 12 Stunden im Kühlschrank auftauen lassen. Für die Sauce wird die (ungespritzte) Orange hauchfein abgeschält, dann ausgepreßt. Ein Teil der Schale wird so fein wie möglich gestiftelt, bis Sie eine Menge von etwa einem Kaffeelöffel erhalten.

Nun läßt man Wein, Noilly Prat, Brühe und Orangensaft aufwallen und um ein Drittel einkochen.

Heinz Winkler gibt jetzt 200 g kalte Butter in Stücken dazu und schlägt die Sauce im Mixer auf.

Herdneulingen empfehle ich statt dessen einen Schummeltrick: Wälzen Sie zwei der Butterstücke in Mehl, verkneten Sie die Stücke in der warmen Hand und mixen Sie diese, zusammen mit der restlichen Butter, mit einem Schneebesen in die Flüssigkeit ein. Das bindet ebenfalls, und das „Aufmontieren" der Sauce bleibt Ihnen erspart.

Zum Schluß werden die Pfefferkörner, Orangenstifte und die Basilikumblätter untergemischt und das ganze mit Zitronensaft und Salz abgeschmeckt.

Die Jakobsmuscheln je nach Größe noch einmal halbieren oder vierteln und in 30 g Butter ca. 4 bis 8 Minuten braten, auf vier Tellern anrichten und mit der Sauce „nappieren", sprich umgießen.

In Austern

und Rheinwein

schlampampen . . .

Was trinkt man zu Austern und Muscheln?

Zu Austern trinkt man ausschließlich einen trockenen Weißwein. Und zwar das Beste vom Besten: einen (teuren) Chablis oder einen Pouilly fumé, auch einen Pouilly fuissé, vielleicht noch einen Sancerre und natürlich alle trockenen Champagner. Das behaupten zumindest die Franzosen, und sie haben (auch) recht.

Daß wir in Deutschland einen absolut ebenbürtigen Austernbegleiter haben, sei ebenso nachdrücklich vermerkt: und zwar einen trockenen Riesling von der Mosel oder aus dem Rheingau aus einem großen Weinjahr, wie z. B. 1989.

Nur: Knochentrocken, also durchgegoren, muß er sein. Wenn Sie nicht sicher sind, orientieren Sie sich notfalls am gelben Weinsiegel.

Die Engländer und Iren hingegen pfeifen auf alles „Weinige". Sie trinken zu ihren (hervorragenden) Austern schlicht ihr Guinness-Stout-Bier. Über Geschmack läßt sich bekanntlich nicht streiten.

Ganz witzig finde ich die englische Mischung des „Black Velvet": Halb Guinness Stout, halb trockener Sekt. Ausprobieren!

Zum Thema Austern und Alkohol ein wichtiger, weil magenschonender Tip: Die Auster sollte unbedingt zerkaut werden! Im Ganzen heruntergeschluckt, verkapselt sie sich, besonders in Verbindung mit hochprozentigem Alkohol, zu einem schier unverdaulich-rotierenden Proteinklotz!

Für die „muscheligen Schwestern" der Auster gelten andere Getränkeempfehlungen. Nicht weil die Mies- oder Jakobsmuscheln als die armen Verwandten weniger Anspruch auf einen edlen Wein hätten, sondern weil die meisten Muschelrezepte süße Sahne, Butter und Zwiebeln enthalten. Und dazu schmeckt ein etwas vollerer, würzigerer Wein einfach besser. Das kann ein trockener Müller-Thurgau sein, auch ein trockener Weißburgunder oder Ruländer. Selbst die Österreicher liefern mit ihrem grünen Veltliner einen ebenso guten Muschelbegleiter wie die Elsässer mit ihren Weinen.

Die Rheinländer trinken ohnehin zu ihren Miesmuscheln gern ein Pils. Warum nicht? Erlaubt ist, was schmeckt!

Curries

Some like it hot

Curries sind wie eine sinnliche Sinfonie, komponiert aus einem Dutzend Geschmackssensationen: exotisch, aromatisch, heiß und scharf und immer gewürzt mit einer Prise geheimnisvoller Orient. Uns Europäern treiben sie allerdings buchstäblich das Wasser in den Mund und die Tränen in die Augen!

Wußten Sie, daß die weltweit so heißgeliebten Curries in ihrem Heimatland Indien keiner kennt? Zumindest nicht unter diesem Namen. Das einzige, was die Inder benutzen, ist das Wort ,,Railway-Curry'' – ein verächtlicher Ausdruck für den ,,Schlangenfraß'' auf den (einst von den Briten betriebenen) Eisenbahnen.

Die Briten waren es auch, die das Wort ,,Curry'' in die Welt setzten. Aus einem sprachlichen Mißverständnis heraus. *Kari* heißt in der Tamilensprache Südindiens so viel wie Gewürzsauce. Die englischen Kolonialherren, traditionell keine großen Sprachgenies, verballhornten den Begriff pauschal für alle exotischen Gewürzmischungen zu *Curry*. Immerhin gebührt den Briten das Verdienst, die Curries in den letzten 200 Jahren weltweit publik gemacht zu haben. Some like it hot . . . Und nirgendwo auf der Welt können Sie heute noch ,,Curry & Co.'' so gut essen wie in London.

Sei es die vegetarische Küche der strenggläubigen Hindus oder die fleischige ,,Mogul''-Küche Nordindiens: Alles verbindet sich unter dem kulinarischen Dach der Themse-Metropole zum Mekka der scharfen Heißmacher.

Über tausend indisch-pakistanische Lokale finden Sie im Großraum London. Dem international bekanntesten haben wir in die Kochtöpfe geschaut. Oder besser gesagt: in den ,,Tandoor'', diesen kugelartigen Lehmofen, aus dem die köstlichheißen Fladenbrote kommen oder die scharf gewürzten Barbecue-Hühnchen, auf Holzkohle gegrillt.

Das ,,Shezan'' im malerischen Londoner ,,French Quarter'', direkt beim königlichen Kaufhaus ,,Harrods'' um die Ecke, wurde als erstes fernöstliches Lokal vom ,,Guide Michelin'' mit einem Gourmet-Stern ausgezeichnet. Daß ,,Curry & Co.'' keine Beliebtheitsgrenzen kennt, beweisen die Shezan-Filialen in Washington und New York. Küchenchef Shamshad Ali nahm mich, die ,,Azubi'' in Sachen Curry, an die Hand auf dem Weg durch das würzig-heiße Wunderland der Curries. Mr. Shamshad ist im Pandschab geboren, im heutigen Pakistan.

Die Teilung Indiens im Jahre 1947 in das überwiegend moslemische Pakistan und den Hindu-Staat Indien ist zwar politisch längst vollzogen. Aber in den Kochtöpfen und Rezepten überlappen beide Nationen immer noch wie zu Zeiten, als sie unter dem Kolonialdach der britischen Vizekönige vereint waren.

Der Norden steht traditionell für den mohammedanischen Einfluß, für die sogenannte ,,Mogul''-Küche. Und das bedeutet: versinken in üppigen Fleischtöpfen, in Lamm-Curries und Kebabs.

Der Süden, wo köstliches Gemüse und Obst wächst, steht überwiegend für die vegetarische Küche der Hindus. Aber welchen Variantenreichtum hat diese über 1400 Jahre alte vegetarische Eßtradition hervorgebracht!

Ich erinnere mich noch lustvoll an die Opulenz eines vegetarischen Dinners in Delhi. Auf dem ,,Thali'', dem Tablett, schaukelte der Ober in ununterbrochener Reihenfolge kleine Schalen mit Chili-Chutney oder Erbs-Kroketten in Joghurt mit Reis-Pilaw und Feuerbohnen-Curry oder gebackene Nudeln mit Erdnüssen. Alles natürlich durchzogen vom Duft der Gewürze, die Indien und die Curries berühmt gemacht haben.

Der Gewürzhandel mit Ostindien hat die Europäer immerhin jahrhundertelang in Atem gehalten. Es war wie eine Art Goldrausch. Das Abendland machte geschlossen Jagd auf Chili und Koriander, Kreuzkümmel und schwarzen Pfeffer, Ingwer, Safran und Nelken, Kardamom und Zimt.

Marco Polo hatte durch seine Berichte den Run auf die Spezereien ausgelöst. Columbus (der dabei zufällig Amerika entdeckte), die portugiesischen Seefahrer Vasco da Gama und Magellan, sie alle waren scharf auf die Scharfmacher aus Indien und den Gewürzinseln Sumatra, Java, Molukken und Celebes.

Der Gewürzhandel hat Kriege ausgelöst und Vermögen eingebracht. Ein Pfund Ingwer zum Beispiel kostete im Großbritannien des 16. Jahrhunderts den Gegenwert eines Schafes. Unser Ausdruck „gepfefferte Preise" rührt nicht von ungefähr aus den goldenen Zeiten der Gewürzhändler.

Noch heute sind in Indien 8000 Quadratkilometer mit Gewürzen bebaut. In guten Jahren werden allein 24 000 Tonnen Pfeffer jährlich exportiert. Überdies produziert Indien heute noch an die tausend verschiedene Sorten Reis. Der kleinkörnige Basmati-Reis ist auch hier bei uns die unerläßliche Beigabe und Krönung der Curries.

„**A**nnam Brahma", sagen die Sanskrit-Handschriften, „Speise ist Gott".

Für Westler ist es nicht ganz leicht, in das riesige Küchenlabyrinth des indischen Subkontinents und seiner vielfältigen Begriffe einzusteigen. Was, zum Beispiel, sind überhaupt Curries, wenn der Begriff im Mutterland schon gar nicht benutzt wird?

„**M**achen wir uns die Sache leichter", sagt Küchenchef Shamshad und schiebt die schier süchtig machenden buttrigen Fladenbrote, die *Naans* in den Lehmofen. „In vielen indischen Haushalten steht ein Töpfchen mit *Garam masala*. Das ist eine Basis-Würzmischung, die vor allem zu Fleischgerichten paßt. Natürlich ist sie hausgemacht. Vergessen Sie die fertigen Einheitsmischungen. Ein Garam masala herzustellen, ist wirklich kein Problem, und die Mischung hält sich sogar ein paar Monate. Und wenn sie diese Basiswürze nun mit Chili oder Ingwer oder Knoblauch in eine bestimmte Geschmacksrichtung lenken, dann entsteht das ganz spezifische Masala. Das bedeutet nichts anderes als ‚die richtige Würzmischung'. Und das käme wohl dem Begriff ‚Curry' am nächsten''. Soweit Mr. Shamshad.

Es gibt pulverisierte und flüssige Masalas. Von ,,mild'' bis ,,hot'' sind alle Schärfegrade drin. Ein Tip bei ,,Brandgefahr'': Streuen Sie ein paar Kokosraspeln über das Gericht zum Entschärfen, oder nehmen Sie einen Löffel mit trockenem Reis oder einen Schluck *Lassi*. Das ist das Nationalgetränk Indiens aus Joghurt und Wasser und einer Prise Salz.

Apropos trinken. Was serviert man zu einem Curry-Essen? Mit Sicherheit keinen Wein. Die Gewürze, ob scharf oder mild, erschlagen in jedem Fall den Rebensaft. Sie können es mit Buttermilch versuchen. Aber das ist nicht jedermanns Geschmack. Ein Mineralwasser paßt natürlich immer, und mir persönlich schmeckt zu Curries ganz besonders gut die herbe Würze des Pils.

Ausschöpfen können wir die unendliche und weltweite Vielfalt der Curries natürlich nicht. Wir haben uns auf die Basismischung des Garam masala beschränkt und auf Gewürze, die auch bei uns überall erhältlich sind. Als Samen gekauft und zu Hause dann frisch gemahlen, sind sie am aromatischsten. Nur im Notfall sollten Sie auf die pulverisierte Form ausweichen.

Für das

Garam masala,

die Basis-Gewürzmischung vieler Curries, kaufen Sie am besten die Fruchtstände der Gewürze. Sie sind aromatischer. Lediglich der Kreuzkümmel wird oft nur in pulverisierter Form angeboten. Für eine knappe Tasse der Mischung, die sich lange Zeit hält, braucht man:

4 Zimtstangen
4 EL schwarze Pfefferkörner
4 EL Gewürznelken
2 EL Korianderkörner
4 EL Kreuzkümmel
1/2 Tasse Kardamomkapseln

Heizen Sie den Backofen auf 100° vor. Breiten Sie nun die Gewürze auf einem Küchenblech aus, und schieben Sie es für 20 Minuten in den Ofen. Nur die pulverisierten Gewürze werden nicht mitgeröstet, sondern erst zum Schluß unter die Mischung gegeben.

Brechen Sie nun die Kardamomkapseln auf, und geben Sie nur den Samen zu den Gewürzen. Die Schalen werden weggeworfen. Im Küchenmixer oder in einer elektrischen Mühle die Röstmischung zu feinem Pulver mahlen und in einem Schraubglas fest verschließen. Sie hält sich leicht sechs Monate!

Gegen die tausend duftenden Reisvariationen fernöstlicher Küchen wirken unsere abendländischen Reisangebote geradezu wie farb- und geschmacksneutrale Langweiler. Eine köstlich-würzige Beilage zu allen Fleisch-Curries oder auch zu unserem ,,nationalen'' Sonntagsbraten mit der Sauce ist

Duftender Safran-Reis mit Zwiebeln

Im Restaurant „Shezan" wird dazu natürlich der indische Basmati-Reis verwendet. Sollten Sie ihn nicht bekommen, nehmen Sie ersatzweise einen weißen Langkornreis.

Zutaten für vier Personen

250 g Basmati- oder Langkornreis
4 EL Butterschmalz
100 g feingehackte Zwiebeln
1 knapper TL Safranfäden
1/2 Zimtstange
3 Gewürznelken
2 TL Salz
1 TL brauner Zucker
1 gute Messerspitze Garam masala

Zubereitung

Die Safranfäden in einer viertel Tasse heißem Wasser einweichen. Den Reis gut waschen, bis das Wasser klar bleibt, und abtropfen lassen.
In einem Topf das Butterschmalz erhitzen, die Zwiebeln, Zimt und Nelken hinzugeben und bei schwacher Hitze und ständigem Rühren vier Minuten dünsten.
Nun den Reis einstreuen und ein paar Minuten unter ständigem Wenden mitrösten lassen.
Jetzt den Safran samt Einweichwasser angießen sowie einen halben Liter kochendes Wasser, in das man schnell den Zucker eingerührt hat. Mit Salz und Garam masala würzen und bei niedrigster Hitze und geschlossenem

Deckel den Reis rund 25 Minuten weich dünsten, bis alle Flüssigkeit aufgesogen ist. Zimtstange und Nelken herausfischen und den Reis anrichten.

Will man ihn etwas bunter gestalten und sich die Gemüsebeilage ersparen, kann man unter den Reis, wie bei einem italienischen Risotto, noch eine Tasse voll abgetropfter Perlerbschen aus der Dose mischen.

Aus der Gegend von Madras stammt das Rezept zu einem scharfen

➤ Gemüse-Curry mit Champignons

Man kann es entweder als vegetarisches Hauptgericht am Abend oder als Beilage zu kurzgebratenem Fleisch servieren.

Zutaten für vier Personen
300 g Tiefkühlerbsen
250 g reife Tomaten
250 g festkochende Kartoffeln
100 g kleine Champignons
1 Bund glatte Petersilie

Zubereitung

In einem großen Topf das Butterschmalz erhitzen und die gehackten Zwiebeln darin etwa vier Minuten goldgelb und glasig dünsten. Nun alle Gewürze von Ingwer bis ein-

1 große, gehackte Zwiebel
1/2 TL Ingwerpulver
1/2 TL Kreuzkümmel
1/2 TL Kurkuma (Gelbwurz)
etwas Cayennepfeffer
1 TL feingehackter Knoblauch
2 TL Salz
4 EL Butterschmalz
zum Nachwürzen:
1/2 TL Garam masala

schließlich Knoblauch zu den Zwiebeln geben und anschließend die gepellten und grob zerkleinerten Tomaten untermischen. Bei mittlerer Hitze unter häufigem Rühren rund fünf Minuten zu einer dickflüssigen Sauce einkochen lassen.

Inzwischen die Kartoffeln schälen und in ein Zentimeter große Würfelchen schneiden, die Champignons je nach Größe vierteln oder in Scheiben schneiden.

Die angetauten Erbsen sowie die Kartoffeln in die Sauce geben, eine halbe Tasse Wasser anschütten und das Gemüse bei geschlossenem Deckel rund zehn Minuten knackig dünsten.

Deckel öffnen, die Champignons und die gehackte Petersilie hinzugeben und weitere zehn Minuten köcheln lassen. Mit Garam masala nachwürzen.

Das Huhn ist zwischen Ost und West wohl der beliebteste „Küchenvogel", weil es in jedem Klima und zu jeder Jahreszeit verfügbar ist. Für das würzig-scharfe

➤ Hühner-Curry mit Ingwer und Mandeln

kann man im Notfall sogar auf Tiefkühlware ausweichen.

Zutaten für vier bis sechs Personen
Schenkel und Brust von zwei Hähnchen, bratfertig zerteilt und enthäutet
500 g Tomaten
250 g Zwiebeln
1 Becher Naturjoghurt
1 walnußgroßes Stück Ingwer (oder 1/2 TL Ingwerpulver)
3 Knoblauchzehen
100 g weiße Mandeln, sehr grob gehackt
1/2 l Hühnerbrühe (Würfel)
4 EL Butterschmalz
1 TL Kreuzkümmel
1 TL Kurkuma (Gelbwurz)
1/2 TL Chilipulver
1/2 TL Korianderpulver
4 Gewürznelken
2 TL Salz
1/2 TL Garam masala

Zubereitung

In einem Schmortopf das Butterschmalz erhitzen, die Hähnchenteile von allen Seiten kurz anbraten und wieder herausnehmen.

Knoblauch, Ingwer und Zwiebeln sehr fein hacken und in dem verbliebenen Butterschmalz vier Minuten bei niedriger Hitze dünsten.

Die Geflügelteile wieder einlegen und den Schmortopf vom Herd ziehen.

Inzwischen die Tomaten pellen, grob würfeln und zusammen mit allen Gewürzen (außer dem Masala) gründlich mit dem Geflügel im Schmortopf mischen und alles wieder aufkochen lassen.

Die Hühnerbrühe angießen und das Gericht 20 Minuten bei geschlossenem Deckel und dann noch einmal zehn Minuten bei geöffnetem Dekkel sanft köcheln lassen. Zum Schluß den Joghurt und die Mandeln einrühren und mit Garam masala nachwürzen.

Das „Gosht Kata Masala" auf der Speisekarte des „Shezan" ist eine Lammspezialität aus dem Nordwesten des indischen Subkontinents und gleichzeitig Synonym für die üppigen Fleischgerichte der „Mogul"-Küche.

Wir haben das Gericht leicht europäisiert, um Ihr Gewürzbord nicht zusätzlich zu belasten.

Lamm-Curry mit Kartoffeln und Zwiebeln

Zutaten für vier Personen	Zubereitung
1 Kilo Lammfleisch aus der Schulter	*Das Lammfleisch in kleinere Würfel schneiden, ähnlich wie Gulasch. Mit Salz und Cayennepfeffer bestreuen.*
2 TL Salz	*Knoblauch und Ingwer sehr fein hacken oder reiben, mit Joghurt vermischen und die Masse gut mit den Fleischstücken verbinden. Mit Folie abdecken und eine Stunde marinieren lassen.*
1/2 TL Cayennepfeffer	
250 g Zwiebeln	
4 mittlere Kartoffeln, festkochend	
1 Bund glatte Petersilie	
1 Becher Naturjoghurt	
1 walnußgroßes Stück Ingwer (oder 1/2 TL Ingwerpulver)	

3 Knoblauchzehen
1/2 TL Kurkuma (Gelbwurz)
1/2 TL Garam masala
1 Prise Muskat
4 EL Butterschmalz
1/2 l Rinderkraftbrühe (Würfel)

In einem Schmortopf das Butterschmalz erhitzen und die in Ringe geschnittenen Zwiebeln goldgelb dünsten. Das Kurkuma in den Schmortopf einrühren und danach die Fleischstücke samt ihrer Marinade. Alles gut vermischen und das Gericht rund eine Stunde bei geschlossenem Deckel sanft garen lassen.
Inzwischen die Kartoffeln schälen und in zwei Zentimeter große Würfel schneiden, die Petersilie grob hacken.
Nach der Garzeit den Deckel öffnen, die Rindsbrühe angießen, die Kartoffelstücke untermischen, die Hälfte der Petersilie über das Fleisch streuen und noch einmal 30 Minuten garen lassen.
Zum Schluß das Gericht mit Garam masala und Muskat würzen und mit der restlichen Petersilie bestreuen.

***R**ayta* heißen in Indien die erfrischenden Joghurtsalate, die in einem pikant-kühlen Gegensatz zu den scharfen Curries stehen. Ideal als Beilage zu Fleisch-Curries und Reis oder nur als i-Tüpfelchen zum kalten Abendessen mit Wurst und Käse.

Auch im Sommer zu Grill-Parties sind sie eine pikante Ergänzung.

Rayta mit Gurke und Chili

ist eine relativ scharfe Angelegenheit. Wer es milder mag, lasse einfach die Chili-Schote weg.

Zutaten für vier Personen

1 Salatgurke
2 Tomaten
1 rote Chili-Schote
1 mittlere Zwiebel, gehackt
1/2 Bund glatte Petersilie
300 g Joghurt
1 EL Salz
1 TL Kreuzkümmel

Zubereitung

Die Salatgurke schälen, der Länge nach halbieren und mit einem Löffel die Kerne ausschaben. Die beiden Hälften noch einmal längs teilen und in grobe Würfel schneiden. Mit Salz und Zwiebeln mischen und einige Minuten lang Wasser ziehen lassen.

Inzwischen die Tomaten würfeln und mit den gut ausgepreßten Gurkenstücken mischen und mit gehackter Petersilie bestreuen.

Jetzt die Chili-Schote (nur mit Küchenhandschuhen, scharf!) längs teilen, die Kerne aus kratzen und nur die Schote fein hacken und unter das Gemüse mischen. Das Joghurt mit dem Kreuzkümmel gut verrühren und mit dem Salat vermengen.

Eier

die feinen Nestroller

Wenn man's genau betrachtet, ist der Mensch der größte Nesträuber aller Zeiten. Nicht nur, daß er seit Jahrtausenden dem ordinären Haushuhn systematisch die Eier aus dem Nest klaut, auch die gesamte Vogelelite kann ein Lied von diebischen Menschenfingern pfeifen.

Es war schon immer so: je feiner die Küche, um so ausgefallener der menschliche Eier-Appetit.

In den Kultstätten der Nouvelle Cuisine schwimmen heute reihenweise pochierte Wachteleier in feinen Rahmsüppchen, kein pikantes Lachstatar mehr ohne ein Mini-Spiegelei von diesem kleinen Hühnervogel, auch Kiebitz und Möwe liefern den Feinschmeckern angeblich höchste eierliche Gaumengenüsse. Wobei nicht ganz auszuschließen ist, daß der optische Effekt größer ist als der geschmackliche.

Wie dem auch sei: Die feinen gesprenkelten Nestroller sind eindeutig ,,in''.

Nun muß man nicht gleich nach Öko- und Artenschutz rufen angesichts des neuen kulinarischen Eierkults. Die Wachtel zum Beispiel wird heute längst in europäischen Großbetrieben gezüchtet. Und bei einigen Möwenarten ist die Vermehrung so stark, daß ein ,,Nestklau'' schon wieder eine Gesundschrumpfung der Art bedeutet.

Der Eiertanz um die Gesprenkelten hat im übrigen Tradition. Der geistreiche französische Gastrosoph Anthèlme Brillat-Savarin hat schon vor 200 Jahren eine kulinarische Eierwertung betrieben. Er setzte das Perlhuhnei auf Platz eins der Geschmacksliste, gefolgt vom Wachtel- und dem Kiebitzei.

Letzteres darf allerdings laut Jagdrecht in Deutschland seit fast 30 Jahren nicht mehr gesammelt werden. Nur eine holländische Importware ist gelegentlich zu haben.

Das Möwenei folgte auf Rang vier, und erst auf Platz fünf landete unser ordinäres, aber unentbehrliches Hühnerei.

Unter ferner liefen rangierten schon bei Brillat-Savarin die Enten- und Gänseeier. Wegen möglicher bakterieller Verunreinigung sind sie auch heute ,,out''.

Gibus optimus et saluberimus – die beste und nützlichste Speise. So nannten die alten Römer die Variationen rund ums Ei. Und Balthasar Grimod de la Reynière listete in seinem Kochbuch Anfang des 19. Jahrhunderts schon 534 Arten der Eierverwendung auf.

Hundert Jahre später notierte Küchenmeister Richter in seinem Buch ,,Eierspeisen'' bereits 1004 Rezepte.

Ohne Ei keine Mayonnaise oder Hollandaise, kein Sabayon oder Soufflé, kein Omelett, weder süß noch salzig.

Die originellste Art der Zubereitung hatten sicher die Babylonier: Sie legten ein Vogelei in eine Schleuder und wirbelten es so lange herum, bis es durch die Reibungshitze fest geworden war.

Die langlebigste Art kultivieren heute die Chinesen mit ihren ,,tausendjährigen Eiern''. In Asche und Tontöpfen konserviert, ,,düfteln'' sie – für westliche Langnasen ziemlich unfein – auf jedem chinesischen Wochenmarkt.

Bei uns haben Vogeleier mit Frischetest eindeutig den Vorrang. Schon Koch-Großmütterchen Henriette Davidis wußte, wie man die Nestroller von Kiebitz und Möwe prüft: ,,Legt man ein Ei nach dem anderen in eine mit kaltem Wasser gefüllte Schale und die Eier sinken gleich darin auf den Boden, so sind sie frisch. Drehen sie sich erst mehrmals und sinken dann, so sind sie bebrütet.''

Klassisch ist auch das Rezept der Davidis für Möweneier: Sie ,,werden hart gegessen, in Wasser acht Minuten gekocht und als Eingangsgericht mit verschiedenem Brot und Kresse gereicht und in einer Schüssel, die zur Hälfte mit Salz gefüllt ist, angerichtet''.

Alfred Walterspiel, der Altmeister deutscher Kochkunst, sah das Möwenei noch elitärer: ,,Ich glaube, daß es kalt, geteilt, auf Rahmmeerrettich und mit etwas Selleriesalz bestreut am besten schmeckt oder aber auch in Verbindung mit Kaviar."

Das Ei – Sinnbild der Entstehung des Menschen. Chinesen glaubten, daß der erste Mensch aus einem Ei geschlüpft sei. Für die Inder entstammt ihr Weltenschöpfer Brahma einem goldenen Ei. Die Griechen stellten sich die Entstehung des Universums aus einer Art kosmischem Ur-Ei vor. Und die Römer gar trieben den Eierkult auf eine ganz neue, kulinarische Spitze. Sie verschlangen alle Nestinhalte, derer sie habhaft werden konnten: Pfaueneier, Fasaneier, Schwaneneier: wegen der ihnen zugeschriebenen Wirkung als Aphrodisiakum, die seit eh und je unbewiesen durch die Oologie, die Eierkunde, geistert.

Über diesen pauschalen Nestklau wachen heute glücklicherweise die Naturschützer. Selbst der örtliche Zoodirektor kann sich für sein Frühstücksomelett nicht so ohne weiteres aus den Exoten-Nestern bedienen. Und ein Straußenei von 1,7 Kilo schmückt wohl eher als reichverzierter güldener Glücksbringer eine fürstliche Schatzkammer als die Frühstückstafel.

Bleiben wir also bei den feinen, edlen und „greifbaren" Nestrollern. Jedes Ei ist ein Spiegelbild der Natur: Manche Möweneier schmecken ganz entfernt nach Meer und Tang und zarten Fischchen. Je nachdem, wie sich die Möwenmama ernährt hat.

Zwischen April und Juli legen die Silber-, Lach- und Heringsmöwen und wie sie alle heißen etwa zwei bis drei lustig getupfte Eier ins Nest. Und da man Möweneier automatisch mit Wasser und Waterkant verbindet, haben wir einen Senkrechtstarter in der Hamburger Kochszene gebeten, für uns etwas ,,Möweneierliches'' zu kreieren.

,,**L**a Mer'' heißt auch beziehungsvoll das Restaurant (im Hotel Prem), in dem sich Rainer Wolter seinerzeit den Titel ,,Aufsteiger des Jahres'' einer Feinschmeckerzeitschrift erkocht hat. Sein

➤ Hummer-Schaumsüppchen mit Möwenei

ist als delikate, üppig-sättigende Vorspeise zu einem festlichen Menü gedacht.

Zutaten für vier Personen
80 g Portulak-Gemüse
40 g Spinat
20 g feingewürfelte Schalotten
1 Messerspitze feingeriebener Knoblauch
60 g Butter
4 dl Geflügelbrühe
2 dl Crème double
2 dl Vollmilchjoghurt
4 Möweneier
1 kleiner Hummer von 600 bis 800 g
1/2 Zitrone
2 EL Noilly Prat-Vermouth
Salz, Pfeffer aus der Mühle sowie Cayennepfeffer

Zubereitung

Einen großen Topf mit Salzwasser auf den Herd stellen und den Hummer zehn bis zwölf Minuten kochen. Während dieser Zeit Spinat und Portulak von den Stielen befreien und waschen. Den Hummer aus dem Wasser nehmen und kurz in kaltem Wasser abschrecken. Das Fleisch ausbrechen und zur Seite stellen.

In einem kleinen Töpfchen 20 Gramm Butter erhitzen, darin den Knoblauch und die Schalotten anschwitzen. Spinat und Portulak ebenfalls hinzu-

geben und langsam dünsten. Mit dem Noilly Prat ablöschen, der Geflügelbrühe auffüllen und drei Minuten kochen lassen. Inzwischen das Hummerfleisch in Scheiben schneiden.

In einem kleinen Topf ein Liter Wasser mit etwas Weißweinessig zum Kochen bringen. Die Möweneier aufschlagen, vorsichtig in das Wasser gleiten lassen und rund drei Minuten pochieren. Anschließend mit einem Schaumlöffel herausnehmen und auf Küchenkrepp abtropfen lassen.

Die Suppe mit dem Mixstab durchquirlen. Crème double und Joghurt hinzugeben, mit den Gewürzen und Zitrone abschmecken, alles noch einmal aufkochen lassen und mit dem Rest der Butter schaumig aufmixen.

In vorgewärmte Teller erst den Hummer geben, dann das Möwenei und alles mit der heißen Suppe aufgießen.

Anmerkung von Rainer Wolter: Den Hummer nicht er-

wärmen, er wird durch die heiße Suppe von alleine warm. Heißer Hummer wird zäh!

C*oturnix coturnix japonica* – so heißt die japanische Zuchtart der Wachtel, die wir heute während des ganzen Jahres, inklusive ihrer grün-braun getupften Puppenküchen-Eier, kaufen können. Die scheue Ur-Mutter der heutigen Zuchtwachtel ist hingegen selten geworden und steht in vielen Ländern unter Naturschutz.

Warum man dem oft nur 100 Gramm leichten Vögelchen den Ausdruck ,,fette Wachtel'' untergeschoben hat? Weil es eine dicke Schicht Unterhautfettgewebe aufweist (das man nach dem Braten tunlichst abgießen sollte!).

In der Legefreudigkeit reicht die Wachtel fast dem Haushuhn die Kralle! 350 Mini-Eier könnte sie pro Jahr legen, wenn sie nicht selbst meistens schon 14 Wochen nach dem Schlüpfen auf den Tellern von Feinschmeckern landen würde.

Bedingt durch das ganzjährige Angebot, sollten Sie tunlichst darauf verzichten, bei unseren Rezepten Eier aus dem Glas zu verwenden. Erstens sind diese hoffnungslos geschmacksneutral, und zweitens weisen sie durch die Einlegflüssigkeit auch meistens einen unappetitlich gelblichgrauen Schimmer auf. Diese Art Sol-Eierchen sind wirklich kein kulinarischer Lustgewinn.

Mit frischen Wachteleiern können Sie heute ein ganzes Menü aufmotzen, wovon unsere Eliteköche auch reichlich Gebrauch machen.

Bei Eckart Witzigmann aß ich im Spätherbst als „Schmankerl": einen Klecks Gärtnerspinat, umflossen von einer luftigen Bechamelsauce, darüber ein Wachtel-Spiegelei, verschwenderisch bedeckt mit frischen weißen Trüffelscheiben. Köstlich!

Von Eckart Witzigmann stammt auch der Auftakt zu unseren Eierspielereien aus dem Wachtelnest:

Legierte Kräutersuppe mit Croutons

Zutaten für vier Personen
8 Wachteleier
120 g Kräuter (Kerbel, Estragon, Sauerampfer und Schnittlauch)
3 dl kräftige Geflügelbrühe
3 dl Sahne
4 Eigelb
100 g Butter
2 Scheiben Toastbrot ohne Rinde
Salz, Muskat
Pfeffer aus der Mühle

Zubereitung

Die Wachteleier in kochendem Salzwasser drei Minuten ziehen lassen. In Eiswasser abschrecken und vorsichtig schälen. Alle Kräuter fein hacken und zur Seite stellen. Das Brot fein würfeln und in etwas Butter kroß braten. Nun in einem Kochtopf die Brühe erhitzen und mit Pfeffer, Muskat und Salz abschmecken. Sahne und Eigelb mit dem Schneebesen verquirlen und in die heiße Brühe rühren (sie darf nicht kochen!).

Die Kräuter und den Rest Butter in die Brühe geben und am besten mit einem Mixstab im Topf schaumig aufquirlen. Je zwei Wachteleier in die vorgewärmten Teller geben, mit der Suppe angießen und mit den Brotwürfelchen garnieren.

Drei-Sterne-Kollege Heinz Winkler hat mit und um die Wachteleier ein Gericht kreiert, das als Vorspeise fast zu edel und zu üppig ist. Mir gefällt es am besten, als Zwischengericht zu Wein oder Bier, wenn man Freunde da hat und nicht groß aufkochen will – aber Chips, Salznüsse und Käsestangen als zu dürftig empfindet.

Die

Crêpes mit Dill-Lachs und Wachteleiern

sind gut vorzubereiten. Man muß dann vor dem Anrichten nur schnell noch die Kartoffelküchlein ausbacken.

Zutaten für vier Personen
12 Wachteleier
200 g Räucherlachs in feinen Scheiben
120 g roter Keta-Kaviar

Zubereitung

Alle Zutaten für die Sauce cremig rühren. Ein paar Dillspitzen zur Dekoration übriglassen. Wachteleier in Salzwasser drei Minuten kochen,

Für die Sauce
125 g Crème fraîche
2 EL Milch
1 TL Zitronensaft
1 Bund Dill, fein zerzupft
Salz, Pfeffer aus der Mühle

Für die Crêpes
1000 g mehlige Kartoffeln
2 Eier
2 EL Schlagsahne
Salz, Pfeffer, Muskatnuß

sehr kalt abschrecken und vorsichtig pellen. Die Kartoffeln schälen, weich kochen, grob zerkleinern und im heißen Backrohr kurz ausdampfen lassen. Dann die Masse durch eine Kartoffelpresse treiben und mit Eiern, Schlagsahne und den Gewürzen mischen.

Soweit kann man alles vorbereiten.

Kurz vor dem Servieren stellt man unter zwei Teflonpfannen eine mittlere Herdhitze ein, drückt pro Pfanne drei eßlöffelgroße Crêpes-Häufchen mit einem nassen Löffel zu flachen runden Küchlein und backt sie von beiden Seiten je drei Minuten. Pro Person legt man drei kleine Crêpes auf einen Teller.

Während die nächste Partie Crêpes in den Pfannen brät, garniert man über die fertigen Küchlein ein paar Räucherlachsscheiben, setzt die Wachteleier dazwischen, gibt einen Klacks Kaviar dekorativ in die Mitte des Tellers und läßt etwas Dillcrème über die

Eier laufen. Auf den Lachs noch ein paar Dillspitzen streuen. Wahrlich eine kulinarische Sinfonie in Rot und Weiß und Grün!

An der Wende vom Frühling zum Sommer neigt sich das deutsche Spargelangebot langsam seinem Ende entgegen. An Johanni, dem 24. Juni, ist offiziell der letzte Stichtag für die köstlichen weißen Stangen aus Schwetzingen, Volkach oder Tettnang. Bis zum Wochenende nach Johanni wird noch der letzte deutsche Spargel auf den Märkten zu haben sein.

Johanni, das kirchliche Fest für Johannes den Täufer, hat sich schon zu Beginn des 19. Jahrhunderts als klassischer letzter Spargel-Stichtag eingebürgert, um dem „königlichen Gemüse" nach sieben Schnittwochen die erforderliche Ruhepause zu gönnen.

Heinz Winkler ist der „geistige Vater" dieses feinen Frühlingsrezepts:

➤ Spargel mit Weinsauce und Wachtelei

Zutaten für vier Personen
3 Pfund Spargel
Saft von 1/2 Zitrone
Salz
1 Prise Zucker
1 Scheibe Weißbrot

Zubereitung

Spargel schälen und in einem großen Topf in drei Litern Wasser mit Zitrone, Salz, Zucker und Weißbrot (bindet die Bitterstoffe) aufsetzen. Zehn bis sowie 4 Wachteleier

Für die Sauce

100 ccm Weißwein, trocken
2 EL Noilly Prat-Vermouth
1/2 Schalotte, fein gehackt
1/2 l Fischfond (gibt es seit 1988 auch fertig im Glas)
300 g Butter
30 g Sevruga oder (preiswerterer) Keta-Kaviar

15 Minuten knackig kochen. Inzwischen alle Zutaten für die Sauce (außer Kaviar und Butter) aufkochen und dann auf ein Drittel einköcheln lassen.
Währenddessen in einem Töpfchen Wasser mit einem Schuß Essig zum Kochen bringen, die Wachteleier aufschlagen und mit Hilfe eines Löffels in die Flüssigkeit gleiten lassen. Nach knapp zwei Minuten mit einem Schaumlöffel wieder herausnehmen und auf einen warmen Teller setzen.
Den Spargel auf Küchenkrepp abtropfen lassen, auf vorgewärmte Teller verteilen und mit je einem Wachtelei garnieren.
Die Sauce zum Schluß zusammen mit der Butter noch einmal schnell aufkochen und mit dem Mixstab im Topf schaumig aufquirlen. Den Kaviar unterrühren und die Sauce über den Spargel laufen lassen. Dazu passen Salzkartoffeln und ein schöner trockener Frankenwein.

Zum Abschluß noch ein ganz leichtes, preiswertes Salatgericht, das man „solo" servieren kann oder mit Käse, Brot und Rotwein dazu als Abendessen.

➤ Feldsalat mit Speck-Croutons und Spiegelei

Zutaten für vier Personen
200 g Feldsalat
125 g durchwachsener Speck
4 Toastbrotscheiben, ohne Rinde
4 Wachteleier
etwas Butter

Für die Vinaigrette
1/3 Tasse Walnußöl
1/3 Tasse Maiskeimöl
1/3 Tasse Aceto Balsamico-Essig
1 EL Sherry, trocken
Salz
Pfeffer aus der Mühle

Zubereitung

Den Feldsalat gut waschen, zerzupfen und auf vier Teller verteilen.

Alle Zutaten für die Vinaigrette mischen und mit einem Löffel über den Salat laufen lassen.

Den Speck sehr fein würfeln und in einer Pfanne ausbraten. Nach zwei Minuten das ebenfalls fein gewürfelte Toastbrot hinzugeben und mit dem Speck vermischen. Wenn das Brot eine goldbraune Farbe angenommen hat, die Croutons direkt aus der Pfanne mit einem Löffelchen über den Salat verteilen.

Die Pfanne mit Küchenkrepp ausputzen, einen Stich Butter hineingeben und vorsichtig die Wachteleier aufschlagen (am besten mit einem scharfen Messer) und als Spiegelei-

er in der Pfanne zwei Minuten ausbraten. Als Krönung je ein Mini-Spiegelei auf den Salat setzen.

Eis und Sorbets

die kühle Surprise

Eiswaffeln! Süße Erinnerungen der Kindheit und sinnliches Vergnügen des Augenblicks verschmelzen im cremig-kühlen Genuß.

Auch wenn die italienischen Eisdielen – Taschengeldgrab meiner Kindheit – im Winter ihre „himmlischen Pforten" geschlossen halten, ist der „neue Luststoff", wie die Wiener das Eis vor 150 Jahren tauften, heute rund um die Jahresuhr verfügbar. Dank der modernen Gefriertechnik und der Industrie, die Eiscreme in ständig neuen Variationen auf den Markt bringt. Der Appetit scheint mit dem Angebot zu wachsen. Pro Kopf lassen wir immerhin sieben Liter Speiseeis im Jahr auf der Zunge zergehen.

Daß man sich damit den Magen verderben könne, befürchtete übrigens schon Goethes Mutter. Sie verbannte die Eisportion für den kleinen Johann Wolfgang vom Tisch, die ihm ein freundlicher französischer Besatzungsoffizier geschenkt hatte.

Doch die Sorge ist völlig unbegründet: Eis ist gesund – und ein hochwertiges Nahrungsmittel. Denn es enthält alle lebensnotwendigen Nähr- und Vitalstoffe wie hochwertiges Milcheiweiß, die Vitamine A, B_1 und B_2, C, D und E sowie Kalzium, Eisen, Phosphor und Aminosäuren. Dazu kommt, daß das deutsche Lebensmittelrecht eines der strengsten der Welt ist. Deshalb ist Eis zumindest, sofern es abgepackt aus der Tiefkühltruhe kommt, sicher vor bakteriellen Verunreinigungen.

In Amerika haben gewitzte Diäterfinder sogar eine Schlankheitskur mit Speiseeis propagiert. Denn trotz allen Nährwertes enthalten 100 Gramm Milchspeise- oder Fruchteis nur rund 130 Kalorien (etwa 540 Joule).

Zum *Dickmacher* wird die kühle Köstlichkeit erst dann, wenn es sich um einen Berg von **Rahmeis** handelt, der auch noch mit einer dicken Sahnehaube verziert ist. Mit Früchten garniert, ersetzt er locker ein Mittagessen.

Wer den sinnlich-süßen Luststoff erfunden hat, liegt im Dunkel der Legenden. Das „Urheberrecht" beanspruchen Ost und West gleichermaßen.

Vom Hofe des Kublai-Khan in China brachte Marco Polo schon um 1300 die ersten Meldungen über den künstlich gefrorenen süßen Gaumenkitzel mit. Wie die Technik funktionierte, war ihm jedoch nicht so ganz klar.

Das zu offenbaren blieb – wie könnte es anders sein – einem Italiener vorbehalten. Der Sizilianer Francisco Procopio entdeckte um 1660, daß Wasser, mit Salpeter und Salz gemischt, zur Kühlflüssigkeit wird. Zehn Jahre später eröffnete der Mann aus dem Süden in Paris das erste Eis-Café – und verdiente ein kleines Vermögen. In der Rue de l'Ancienne Comédie steht noch heute diese Urzelle aller Eisdielen, in der sich schon Voltaire und der junge Napoleon den Schlecker-Freuden hingaben.

Fast 100 Jahre vergingen allerdings bis zur Perfektion dieser Delikatesse – bis zur Erfindung der Eisbombe und der „Omelette Surprise".

Der Trend „Zurück zur Natur" und zu Omas Küche hat auch das Interesse an hausgemachtem Speiseeis wieder geweckt. Denn obwohl die Industrie beim Angebot von Rahm- und Milcheis sicher die Nase vorn hat – bei den fruchtigen Sorbets, den Lieblingskindern der neuen Küche, finde ich die Fertigprodukte noch reichlich unbefriedigend. Sie sind vielfach zu süß und schmecken nach Kunstaroma. Da kann man mit hausgemachten gelungenere Überraschungseffekte erzielen!

Zunächst aber zaubern wir rund um das bequeme Fertigeis. Nein, keine langweiligen Allerwelts-Desserts wie gemischter Eisbecher oder Fürst-Pückler-Schnitte. Bei deren Anblick weiß jeder Gast sofort: Die Hausfrau hat nur schnell ins Tiefkühlfach gegriffen. Wie köstlich Eisvariationen wirklich schmecken, haben uns in jüngster Zeit die großen Köche und ihre Patissiers, ihre Dessertkünstler, bewiesen: Eis-Phantasien – heiß und kalt.

Als Referenz an die italienischen „Erfinder" des Speiseeises zuerst ein Rezept, für das Sie weder Fertigeis noch Eismaschine brauchen und das doch eisig schmeckt:

➤ Amaretto-Parfait mit Makronen

Zutaten für vier Personen	Zubereitung
4 Eier *60 g Puderzucker* *4 kleinere fertige Makronen, zerbröselt* *4 EL Amaretto (italienischer Mandellikör)* *0,25 l Schlagsahne* *8 Mokkabohnen*	*Die Eier trennen und das Eigelb zusammen mit dem Puderzucker schaumig schlagen. Die Makronenbrösel daruntermischen und mit dem Amaretto-Likör parfümieren. Dann in zwei verschiedenen Gefäßen sowohl das Eiweiß (mit einer Prise Salz) als auch die Sahne sehr steif schlagen. Alles wird schnell und zügig vermischt und in eine längliche Aluschale gegeben.* *Mindestens vier Stunden im Drei-Sterne-Fach oder in der Tiefkühltruhe gefrieren lassen. Vor dem Servieren stürzen Sie das Parfait auf einen Teller, zerteilen es und garnieren es mit den Mokkabohnen. Als besonderen Gag kann man noch einige Löffel erwärmten Amaretto auf den Teller geben.*

Zu dekorativen Spielereien mit Früchten, kühlem Eis und heißen Cremes, die ein Fest für das Auge wie für den Gaumen sind, wurden die großen deutschen Küchenchefs von ihren französischen Lehrmeistern inspiriert. Als Chefpatissier in München kreierte Johann Lafer, heute Chef des „Val d'Or" in Guldental an der Nahe, dieses Sommer-Dessert:

Früchteteller mit Eis und Traminerschaum ➤

Zutaten für vier Personen
1 Schale Heidelbeeren
1 Schale Himbeeren
1 Zitrone
6 Eigelb
2 Eiweiß
1/8 l Gewürztraminer (Spät- oder Auslese
60 g Zucker
1 Packung Vanilleeis

Zubereitung

Auf flachen Desserttellern werden die verlesenen Beeren in einem Kreis, halb blau, halb rot, angerichtet und mit ein paar Spritzern Zitrone parfümiert.

Die sechs Eigelb, die beiden Eiweiß, Wein und Zucker in einen Stieltopf geben, der in einem größeren Topf mit leicht simmerndem Wasser hängt. Die Eimasse mit dem Schneebesen so lange aufschlagen, bis sich eine dickliche Creme gebildet hat.

Das Vanilleeis wird dann in Kugeln auf die Beeren gesetzt und mit dem Traminerschaum überzogen. Schnell servieren!

Drei-Sterne-Koch Heinz Winkler vom Münchner „Tantris" empfiehlt als Kontrast zum sommerlichen Früchteteller eine Dessertvariation für alle Jahreszeiten.

➤ Armagnac-Pflaumen auf Karamel und Zitroneneis

Zutaten für vier Personen
24 Trockenpflaumen (französische Pruneaux d'Agen)
1/2 l Armagnac
Für die Sauce
125 g Zucker
50 g Butter
0,2 l Sahne
1 Eigelb
5 cl Milch
1 Packung Zitroneneis

Zubereitung

Die Armagnac-Pflaumen kann man schon Tage, sogar Wochen vorher zubereiten, indem man den Alkohol auf ca. 60° erhitzt und über die entsteinten Pflaumen gießt. Diese dann in einem gut verschließbaren Gefäß ziehen lassen und den Vorgang nach ein paar Tagen noch einmal wiederholen

Für die Sauce müssen Sie Zucker und Butter in einem Kupferpfännchen langsam karamelisieren lassen. Die heiße Flüssigkeit darf nur Honigfarbe annehmen.

Nun ganz vorsichtig (spritzt!) die Sahne einrühren. Noch einmal kurz aufwallen und dann fünf Minuten abkühlen lassen. Die Sauce im Mixer

mit dem Eigelb und der Milch aufschlagen.
Diese Sauce wird auf den Boden der Dessertteller gegossen. Je sechs Pflaumen darauf anrichten und mit zwei Kugeln Zitroneneis garnieren.

Zum Schluß eine heiß-kalte Delikatesse – *Omelette Surprise.* Sicher ist sie neben der Eisbombe das berühmteste unter den klassischen Eisdesserts. Einer Anekdote zufolge geht die köstliche Heiß-kalt-Variation auf den amerikanischen Physiker Benjamin Rumford zurück. Er erklärte einem französischen Gastronomen, daß es sehr wohl möglich sei, Eis in den Backofen zu schieben, ohne befürchten zu müssen, daß es schmilzt. Voraussetzung dafür sei lediglich, daß ein Eierschaummantel Schutz biete.

Zum ersten Mal tauchte das Omelette Surprise dann 1895 auf der Karte des „Hôtel de Paris" von Monte Carlo auf. Und von dort trat es seinen Siegeszug durch die großen Restaurants an. Die moderne Variation des klassischen Rezepts – von Deutschlands berühmtem Gastronomen Alfred Walterspiel – dürfte selbst einer ungeübten Zuckerbäckerin gelingen.

Omelette Surprise ➤

Zutaten für vier Personen	Zubereitung
1 fertiger Biskuitboden	*Backofen auf 250° Oberhitze vorheizen. Den Boden einer*
5 EL Maraschino	

5 Eier
125 g Zucker
1 Paket Erdbeer-Eiscreme (oder Fürst-Pückler-Eis)
einige kleine Erdbeeren zur Dekoration

feuerfesten Form – sie muß ein paar Zentimeter größer sein als der Eisblock – mit dem zurechtgeschnittenen Biskuitboden auslegen (ersatzweise kann man auch Löffelbiskuits nehmen) und mit vier Eßlöffeln Maraschino beträufeln.

Eier trennen. Nur die Hälfte des Eigelbs verwenden, mit dem Zucker schaumig rühren und mit dem restlichen Maraschino parfümieren. Nun das Eiweiß zusammen mit einer Prise Salz sehr steif schlagen. Den Eisblock auf den Biskuitboden legen. Rasch, aber sanft die Eigelbmasse mit dem Eischnee vermischen, über das Eis streichen, mit ein paar Erdbeeren garnieren und ca. drei Minuten im heißen Ofen überbacken.

Das Omelette Surprise erst am Tisch aufteilen. Als besonderen Gag können Sie noch eine Sauce dazureichen (die Franzosen nennen sie „Coulis"). Dazu brauchen Sie ein Paket aufgetaute, im Mixer pürierte Erdbeeren, Zucker, etwas Zitronensaft und Maraschino.

Nicht nur als Dessert, sondern auch als Hauptgang eine Delikatesse – Sorbets! Hausgemacht sind sie unschlagbar. Dafür brauchen Sie eine Eismaschine (einfache Geräte für das Drei-Sterne-Fach gibt es schon unter 100 DM; bequemer, aber teurer, sind die elektrisch betriebenen, und hier haben die Italiener die Nase vorn), damit der Frucht-Genuß auch ein Hochgenuß wird.

Ein Luxus-Sorbet, das nicht nur „solo" zu festlichen Gelegenheiten paßt, sondern auch zu Kuchen und Früchten, kommt vom Pariser Zuckerbäcker Lenôtre:

Champagner-Sorbet ➤

Zutaten für einen Liter Sorbet	**Zubereitung**
4 dl Champagner (oder guter, trockener Sekt)	*Alle Zutaten schnell (damit die Kohlensäure nicht „verpufft") in die Eismaschine geben und gefrieren. (Champagnersorbet sollte möglichst rasch verzehrt werden.)*
2 dl Sirup	
3 dl Mineralwasser	
Saft einer halben Orange	

Wunderbar zu Beeren oder als Zwischengericht beim großen Menü paßt

➤ Minzsorbet

Zutaten für einen Liter Sorbet	Zubereitung
2 dl Weißwein	*Weißwein, Wasser, Zitronensaft und Minze aufkochen und nach dem Abkühlen durch ein Sieb gießen. Die Flüssigkeit mit dem Sirup mischen und leicht anfrieren lassen (Eismaschine).* *Inzwischen das Eiweiß zusammen mit einer Prise Salz sehr steif schlagen und schnell unter das gefrierende Sorbet mischen. Zur Dekoration nimmt man ein paar frische Minzeblätter und/oder gießt ein Löffelchen Minzlikör um die Sorbetkugeln.*
3 dl Wasser	
Saft von 2 Zitronen	
6 Stengel Minze	
1 dl Sirup	
1 Eiweiß	

Ein auch optischer Hochgenuß ist schließlich

Südfrüchte-Sorbet in der Schale

Zutaten für einen Liter Sorbet	Zubereitung
8 Orangen oder 8 dicke Zitronen oder 4 Pampelmusen *1 bis 2 dl Zuckersirup* *1 Eiweiß*	*Die jeweiligen Südfrüchte halbieren, auspressen und den Saft durch ein Haarsieb laufen lassen. Je nach Fruchtsäure (und persönlichem Geschmack) ein bis zwei Deziliter Zuckersirup hinzugeben. Die Flüssigkeit in der Eismaschine anfrieren lassen. Das Eiweiß zusammen mit einer Prise Salz sehr steif schlagen und untermischen. Das Sorbet wird später in den Fruchtschalenhälften serviert. Das Eiweiß hat übrigens nur eine Funktion: Es macht ein Sorbet cremiger. Es verkürzt allerdings auch seine Haltbarkeit.*

Geflügel

in Märchen, Mythen und Rezepten

Am Anfang war das Huhn. Oder vielleicht doch das Ei? Egal, wer oder was, als beliebtes Gesellschaftsspiel ist die Frage einfach nicht totzukriegen.

Kein Vieh gackert so ausgiebig durch die Geschichte der Menschheit wie das liebe Federvieh.

In Märchen und Mythen kräht der Hahn, in der Bibel gleich dreimal, bei Kultopfern dann überhaupt nicht mehr.

Die Henne nistet im Volksmund und bei den Volksdichtern, unfreiwillig auch in des Volkes modernen Schnellküchen und neuerdings sogar bei den Tierschützern.

Denn so schlecht wie in unserer Gesellschaft ist es dem Haushuhn in seiner ganzen 4000jährigen Geschichte nicht ergangen.

Man bedenke: 80 Prozent der europäischen Legehennen scharren in ihren Käfigen – sofern sie das überhaupt noch können – auf EG-genormten 450 Quadratzentimetern. Ein winziges Fleckchen, kleiner als ein DIN-A 4-Blatt: Für das „psychosomatische Wohlbefinden" der Hühner finden das die EG-Kommissionäre ausreichend.

Ich finde es tierisch wenig für ein so wertvolles Lebewesen, das uns eigentlich genauso ans Herz gewachsen sein müßte wie Wilhelm Buschs Witwe Bolte, nämlich:

„Einesteils der Eier wegen,
Welche diese Vögel legen,
Zweitens: weil man dann und wann
einen Braten essen kann;
Drittens aber nimmt man auch
Ihre Federn zum Gebrauch
In die Kissen und die Pfühle,
Denn man liegt nicht gerne kühle."

Es ist also an der Zeit, dem lieben Federvieh ein kleines Denkmal zu setzen – über Kirchtürme und Wetterfahnen hinaus.

Das Negativ-Image rund um das Huhn haben wir uns schließlich selbst zuzuschreiben. Die moderne Schnellmast sowie die leidige „KZ-Hühnerhaltung", wie sie Prof. Grzimek nannte, schließlich die lieblose „Fast-food"-Zubereitung haben ja erst Begriffe „Gummiadler" oder „Flattermann" möglich gemacht.

Unsere Nachbarn gehen sehr viel liebevoller mit dem doppelten ,,Gallus'' um (*Gallus gallus* heißt nämlich bei den Zoologen die Urform des deutschen Haushuhns).

Bei den Schweizern finden Sie oft ein ,,Mistkratzerli'' auf der Speisekarte, das wirklich noch auf Mist oder zumindest doch im Freien gekratzt hat. Und die Franzosen gar haben ihr *Poussin*, ihr *Poulet*, ihren *Coq* längst zum Nationalgeflügel erhoben, seit ihr König Henri IV. (1553 bis 1610) wünschte, ,,daß jeder Bürger in meinem Königreich sonntags ein Huhn im Topf hat''.

Zehn Kilo des gerupften Federviehs landen jährlich auf den Tellern unserer französischen Nachbarn. Bei uns sind es nur knapp sechs Kilo. Und das zu 70 Prozent aus Tiefkühlware.

Bei aller Wertschätzung der modernen Kühltechnik – der Hahn, der aus der Kälte kam, ist für mich keine kulinarische Offenbarung. Aus Hygienegründen wird er schier zu Tode gewaschen und getaucht und bringt deshalb erst mal zehn Prozent Wasser mit. Irgendwie erinnert er nach dem Auftauen dann entfernt an Pappmaché.

Glücklicherweise gibt es heute selbst in Kleinstgemeinden wieder ein Frischangebot an Hähnchen. Und wenn die Tiefkühltruhe schon nicht zu vermeiden ist: Achten Sie darauf, daß sich kein Eis in der Packung gebildet hat. Und dann: Der Auftauprozeß im Kühlschrank dauert zwar je nach Gewicht 12 bis 24 Stunden, ist aber in jedem Fall vorzuziehen.

***D**as Auftauwasser unbedingt abschütten, damit jedes Salmonellenrisiko ausgeschlossen wird!*

Um sich im verwirrenden EG-genormten Angebot zurechtzufinden, schnell noch eine kleine Warenkunde rund ums liebe Federvieh:

Die *Brathähnchen* bilden das Gros auf dem deutschen Markt (logisch, die ,,Damen'' müssen inzwischen Eier legen). Vielfach handelt es sich aber schon um ein ,,modernes'' Hybrid-Zwitterwesen, genannt Broiler.

Die Brathähnchen sind nach Alter und Gewicht gestuft in *Poulets* oder Brathähnchen, ca. sechs bis acht Wochen alt und 700 bis 1150 Gramm schwer. Etwas älter sind die *Poularden* oder Junghühner, die bis 1500 Gramm wiegen. Und die ,,dicken Brummer'' schließlich sind die *Jungmasthähne*, ab 1500 Gramm aufwärts.

Bei der Brat- oder Grillzeit gibt es eine simple Faustregel: Rechnen Sie pro 200 Gramm Gewicht fünf Minuten bei 250 Grad. Und lassen Sie den Braten stets noch zehn Minuten bei abgeschalteter Hitze ,,entspannen''.

***S**uppenhühner* sind meistens ältere oder schlecht legende Hennen, die zu fast 100 Prozent aus Großmastbetrieben stammen. Sie gehören wirklich nur in den Suppentopf, außer den wenigen, die aus einer Hofhaltung kommen, die können gar köstlich munden.

Sehr selten geworden ist der Märtyrer in der Hühnerfamilie, der *Kapaun*. Ihn hat man schlicht seiner stolzen Männlichkeit beraubt – es handelt sich um einen kastrierten Hahn. Schon bei den alten Griechen galt er als Delikatesse. Sein (teures) Fleisch ist besonders zart und mit Fett marmoriert. Richtig populär wurde der Kapaun erst bei den Römern, die ihn millionenfach bei ihren opulenten Gelagen verspeisten. Kapaunfleisch galt bei den römischen Damen – weiß der Himmel, warum – als Schönheitsmittel.

Die ältesten Nachweise unseres Haushuhns stammen aus dem Industal, in Südasien: Darstellungen auf Gefäßmalereien und Siegelbildern aus dem dritten Jahrtausend vor Christus. In der Grabkammer des Ägypter-Königs Tut-ench-Amun, der angeblich 1339 vor Christus bestattet wurde, fand man eine Tonscherbe mit dem Bild eines Hahns.

Bei den Griechen und Römern galt der Hahn als Symbol der Wachsamkeit – sein Schrei verscheucht die Dämonen der Nacht.

Zum Symbol der Auferstehung wurde der Hahn im frühen Christentum. Das kultische Hahnopfer, wie man es heute noch in Brasilien bei einer *Macumba* erleben kann, ist gewissermaßen ein Gleichnis für den Opfertod Christi.

In Mitteleuropa kräht der Hahn schon nachweislich seit 4000 Jahren. Wie er damals hieß, weiß man nicht genau. Erst die Goten verpaßten dem stolzen Federvieh seinen heutigen Namen: *hano*, der Sänger.

Bunt wie sein Gefieder sind auch die Sprachschöpfungen rund um den Hahn. Die Zuchtrassen heißen *Weißes Leghorn* oder *Minorka, Silbermöwe* oder *Barnevelder, Rhodeländer* oder *Orpington*. Nicht zu vergessen die *Cochinchina*-Rasse, die genauso flaumig-puschelig ist wie ein Staubwedel.

Geschichten hat das Huhn stets genauso fleißig produziert wie Eier. Zum Beispiel diese: Man schreibt den 14. Juni 1800. Es ist heiß in der oberitalienischen Po-Ebene. Seit Stunden tobt die Schlacht der Franzosen gegen die Österreicher in der Nähe des Dörfchens Marengo. Es sieht nicht rosig aus für die Franzosen. Jedenfalls kulinarisch gesehen.

Küchenchef Dunan hat seit Tagen nichts Eßbares mehr requirieren können, der Verpflegungstroß ist verlorengegangen.

Selbst eine Maus käme aus dem leeren Vorratszelt mit Tränen der Enttäuschung heraus. Aber wer denkt schon ans Essen, wenn der entscheidende Durchbruch winkt? Napoleon, der kleine Korse und große Stratege, bezwingt an diesem Tag in der Schlacht von Marengo die Österreicher. Staubbedeckt und erschöpft läßt er sich nach dem Kampfgetümmel in seinen Feldstuhl fallen. „Etwas zu essen, Dunan", sagt er. Der füllige Küchenchef zuckt ratlos mit den Achseln. „Aber, mon général, wir haben nichts mehr! Ein Huhn vielleicht und ein paar Gewürze. Die Soldaten haben noch ein paar Krebse gefanden, das ist alles."

„Dann beweisen Sie damit ihr Können", sagt der Feldherr ungeduldig. Er war ohnehin kein großer Gourmet. Ausgedehnte Tafelfreuden hielt er für reine Zeitverschwendung. Dunan macht sich seufzend an die Arbeit, kratzt ein paar Tomaten zusammen, ein paar Oliven, schlachtet das Huhn. Das Pfannengericht, das er eine halbe Stunde später seinem General auftischt, muß so köstlich gewesen sein, daß es als

➤ Huhn Marengo

in die französische Küchengeschichte einging und noch heute in vielen Restaurants zwischen Paris und Mailand Furore macht.

Zutaten für vier Personen
1 Poularde, in Stücke zerteilt
1 Knoblauchzehe, gehackt
3 Tomaten, gehäutet
1 Handvoll schwarze Oliven, entsteint
1 Tasse Weißwein
1/2 Tasse Hühnerbrühe
2 EL Cognac
1 EL Mehl
4 Scheiben Toastbrot
1 TL Thymian
1 Lorbeerblatt
2 Gewürznelken
Salz, Pfeffer
etwas Olivenöl

Zubereitung

Die Poulardenstücke salzen, pfeffern und ringsherum in Olivenöl kräftig anbraten. Die gehackte Knoblauchzehe, die Zwiebeln, die Gewürze und die kleingeschnittenen Tomaten hinzugeben und fünf Minuten dünsten. Nun das Mehl darüberstäuben und mit Wein und Brühe ablöschen. Kräftig aufkochen und zum Schluß Cognac und Oliven einrühren.

Die Weißbrotscheiben rösten (am besten in der Pfanne mit etwas Olivenöl).

Die Poulardenstücke werden jeweils auf einer Scheibe Toast angerichtet und mit der Soße überzogen.

Küchenchef Dunan soll angeblich noch zwei ausgelöste Flußkrebse über das Huhn gegeben haben.

Als die Königin der Hühnerfamilie gilt zweifellos die Poularde aus der Bresse. Strahlend weiß gefiedert, mit üppiger Brust, auf ungewöhnlich schmalen blauen Füßchen ruhend, scharrt sie – wie vom Gesetzgeber vorgeschrieben – ausschließlich auf grünen Wiesen. In einer scharf abgegrenzten, nur 3500 Quadratmeter großen lieblichen Hügellandschaft oberhalb von Lyon, der Bresse.

Die burgundischen Züchter dürfen nur jeweils 500 Tiere pro Betrieb halten und müssen ihrem edlen Federvieh mindestens zehn Quadratmeter pro Kopf und Schnabel einräumen. Kein Wunder, daß sich dieses gallische Luxusleben auch im Preis niederschlägt.

Mit rund 25 DM pro Kilo rutscht die Bresse-Poularde schon in die Preisschiene eines guten Rinderfilets. Und 1,5 Kilo bringt das vollbusige Edelhuhn mindestens auf die Waage.

Wer im Sommer an die Côte d'Azur fährt und zur Mittagsrast einkehrt in einen der unzähligen Landgasthöfe zwischen Macon und Lyon, findet überall ein Poulardengericht auf der Karte. Und da an der nördlichen Grenze der schwere Burgunder und an der westlichen Grenze der duftige Beaujolais wächst, schwimmt auch das Bresse-Huhn meistens in rotem Wein.

***Da**s* klassische französische Huhngericht kommt aus dieser Gegend:

➤ Coq au vin Burgund

Zutaten für vier Personen	Zubereitung
1 Poularde (ca. 1,5 Kilo)	*Die Poularde in Portionsstücke schneiden (oder vom Metzger schneiden lassen). Den Speck ohne Schwarte sehr klein würfeln und in einer Pfanne glasig dünsten. Nun belegt man den Boden eines Schmortopfes mit den abgetropften Speckstückchen, gibt die enthäuteten Zwiebelchen darüber, die gehackten Knoblauchzehen und die feingezupften Kräuter. Die Champignons in nicht zu dünne Scheiben schneiden und darüber schichten.*
250 g frischer Speck	
12 frische Perlzwiebeln	
3 Knoblauchzehen	
5 Stengel Petersilie	
2 Zweiglein Thymian	
250 g Champignons	
1 Fl. guter, trockener roter Burgunder	
125 g Butter	
4 Scheiben Toastbrot	
Salz, Pfeffer	

Zum Schluß die Geflügelstück darauflegen, salzen, pfeffern und mit Rotwein anschütten. Deckel drauf!

Im vorgeheizten Backofen (200°) erst 30 Minuten schmoren, dann den Deckel abnehmen, die Hitze auf 170° reduzieren und weitere

15 Minuten simmern lassen: Inzwischen die Weißbrotscheiben (ohne Rinde) würfeln und in der Hälfte der Butter hellbraun rösten. Mit etwas Knoblauch abreiben.
Die restliche Butter in der warmen Hand mit Mehl verkneten und damit nach Ende der Garzeit die Sauce binden.
Den Hühnereintopf auf vier Tellern verteilen und mit den Brot-Croutons bestreuen.
Dazu schmeckt am besten ein frisches Baguette, eine Schüssel mit Sommersalaten und eine Flasche des gleichen Burgunders, wie ihn die Sauce bekam.

Das „wildeste" unter den domestizierten Hühnerrassen ist das Perlhuhn, hübsch anzusehen mit seinem weißgetupften Federkleid, das wie mit schimmernden Perlen übersät scheint. Und diese Perlen haben ihre Geschichte. Eine Geschichte aus der Welt der griechischen Sagen.

Als der kalydonische Königssohn Meleagros bei einem Familienzwist ums Leben kam, waren seine Schwestern so untröstlich, daß sie von den mitleidigen Göttern in Perlhühner verwandelt wurden. Ihre Tränen um den toten Bruder aber blieben als schimmernde Perlen auf ihrem Gefieder haften. Als heilige Perlhühner wachten sie fortan am Grab des Meleagros in Ätolien und auf der Akropolis zu Athen.

„**U**nsere" Perlhühner hingegen werden heute schon längst im Stall oder im Freiland gezüchtet. Aber ihren halbwilden Charakter haben sie zumindest noch im Aroma ihres würzig-dunklen Fleisches bewahrt. Perlhühner werden, je nach Alter, 600 bis 1500 Gramm schwer. Tiefgefroren gibt es sie in den meisten Truhen, nach den frischen muß man etwas suchen. Aber es lohnt sich.

Ihr Wildgeschmack verbindet sich im Herbst besonders gut mit den heranreifenden Trauben zum

➤ Perlhuhn nach Winzerinnen Art

Zutaten für vier Personen
2 junge Perlhühner à 800 Gramm
1 cl Öl
2 Schalotten
1 Thymianzweig
1 kl Lorbeerblatt
1 Pfund weiße Trauben
1 cl Cognac
1 cl trockener Weißwein
Salz, Pfeffer

Zubereitung

Die Hühner innen salzen und pfeffern, von außen mit Öl bestreichen.

Eine große, feuerfeste Platte (oder Reine) mit dem Rest des Öls beträufeln, die Hühner daraufsetzen und im vorgeheizten Ofen (240°) zehn Minuten braten. Inzwischen die gehackten Schalotten, Thymianzweig und Lorbeerblatt in 3 cl gesalzenem Wasser einige Minuten kochen lassen.

Nun das Bratrohr auf 200° zurückschalten und die Hühner mit dem Gewürzsud nach und nach begießen. Den Bratensaft dabei immer wieder abkratzen. Weitere 30 Minuten braten lassen, dabei mehrfach mit dem Saft beschöpfen.

Inzwischen die Weintrauben halbieren, entkernen und in der Cognac-Weinmischung drei Minuten weich dünsten.

Die fertiggebratenen Hühner herausnehmen, tranchieren und auf einer vorgewärmten Platte anrichten.

Die Trauben mit dem Schöpflöffel aus dem Sud nehmen und über das Fleisch verteilen. Mit dem Traubensud den Bratensaft abkratzen, alles noch einmal kurz aufkochen lassen und getrennt als Sauce servieren.

Dazu paßt alles, was auch einem Fasan gut „zu Fleische steht": nämlich Kartoffelpüree, Apfelmus oder Champagnerkraut.

Grog und Toddy,

Punsch und Bowlen

die heißen und kalten Muntermacher

Wenn in den naßkalten Winternächten Stimmungsbarometer und Außenthermometer in die Minuszone rutschen, sind sie eine schwimmende Insel der Behaglichkeit – diese heißen Muntermacher mit dem Namen Punsch, Grog, Glühwein und Toddy.

Es gibt flüssige Lebenselixiere, die absolut zeitlos sind. Die Erinnerungen wachrufen an den feucht-fröhlichen Skihüttenzauber in den Bergen oder einen langen Winterabend auf den Halligen. Stimmungsbilder, wie sie einst Peter Rosegger oder Theodor Storm gemalt haben.

Beim s-teifen *Grog* denkt man an windzerzauste Segeltörns, beim Punsch an knallige Silvesterparties. Immer ein wohliges Gefühl der Wärme damit verbunden, das munter im Körper hochblubbert und ein bißchen ,,groggy'' macht, wenn man die ,,dampfende Droge'' allzu hastig geschluckt hat.

Für mich sind die rustikalen Heißgetränke zur kalten Jahreszeit jedenfalls animierender, auch kommunikativer, als nobel-kühle Champagnercocktails. Pfeif' auf die ganze Edeltrinkwelle, mach's dir mit Freunden gemütlich, heißt das Motto.

Der Grog klingt auch heute noch verdächtig nach Macho-Getränk, nach christlicher Seefahrt und hochprozentigem Rachenputzer für rauhe Männerkehlen. Und tatsächlich ist der Ursprung dieses Muntermachers mit allen drei Ingredienzen verbunden. Seinen Namen verdankt der Grog einem Matrosenscherz. Der englische Admiral Edward Vernon wurde wegen seines Überrocks aus Kamelhaar (im englischen ,,grogram'') von seinen Matrosen nur ,,Old Grog'' genannt.

Als Oberkommandierender der britischen Seestreitkräfte in Westindien war ,,Old Grog'' die Rumsauferei seiner Mannschaften schon immer ein Dorn im Auge gewesen. Also erließ er im Jahre 1731 einen Befehl, daß der hochprozentige Zukkerrohrschnaps in Zukunft nur noch mit Wasser verdünnt ausgeschenkt werden dürfe.

Diese ,,neue Wäßrigkeit'' tauften die Matrosen prompt nach dem Spitznamen ihres alten Haudegens: Grog. Von England aus wurde der ,,Groggy-Macher'' schnell an die deutschen Nordseeküsten gespült. Auf den Halligen avancierte er in den langen, kalten Winternächten zum heimlichen Hit. Heimlich deshalb, weil die Kirchenhirten gegen das liquide Laster ihrer Schäfchen lautstark von der Kanzel wetterten.

Nun waren die Ostfriesen schon damals ein pfiffiges Völkchen – nicht die tumben Toren aus der sattsam bekannten Witzparade. Sie kaschierten ihren Rum geschickt mit viel Kaffee und Schlagsahne vor der Spürnase des Pastors.

Auf der Insel Nordstrand bei Husum gab es zu dieser Zeit einen Pastor Ende, der ein durchaus geselliger Mann war und mit seinen Schäfchen im Wirtshaus gern mal eine Runde Skat drosch. Im Eifer des „Null ouvert" griff der Herr Pfarrer eines Abends versehentlich nach der Kaffeetasse seines Nachbarn – und entdeckte so das getarnte „Volksgift". Ob halb im Scherz oder in echter Empörung, jedenfalls stöhnte Pastor Ende in komischer Verzweiflung: „Oh, Ihr Pharisäer!" Unter diesem Namen geistert der Friesen-Grog auch heute noch durch die internationalen Getränkekarten.

Das Originalrezept des

Pharisäer

ähnelt entfernt dem modischen *Irish Coffee* und schmeckt auch heute noch so gut wie damals.

Zubereitung

Geben Sie in eine große Keramiktasse einen kräftigen Schuß braunen Jamaica-Rum, einen Eßlöffel braunen Zucker dazu und gießen das Ganze mit starkem heißen Kaffee auf. Zum Schluß kommt noch eine kühle Haube Schlagrahm drauf, durch die man den Pharisäer genüßlich schlürft.

Ein herrliches Wärmeöfchen nach langen Winterspaziergängen oder zum zwanglosen Wochenendtreff mit Freunden ist der

Coffee Grog

Für vier Personen brauchen Sie	Zubereitung
1 Orange	*Von den (ungespritzten) Südfrüchten schnipselt man je ein fingernagelgroßes Stück in bauchige, vorgewärmte Kaffeetassen, gibt Butter, Zucker und Sahne hinein, gießt mit heißem Kaffee auf und rührt gut um. Je eine Zimtstange in die Tasse geben – wie einen großen Strohhalm – und dann servieren (vor dem Trinken die Zimtstangen entfernen, sonst wird's zu würzig).*
1 Zitrone	
1 Tasse braunen Jamaica-Rum	
1 EL Butter	
4 EL braunen Zucker	
0,2 l Sahne	
4 Zimtstangen	
1 l heißen starken Kaffee	

Resümee des Grog: Er wird immer heiß serviert und ist stets auf der Basis von Rum zubereitet. Greift man statt zur Rumflasche zu Cognac, Whisky, Arrak oder Calvados, dann heißt das Getränk in der internationalen Barkeeper-Sprache *Toddy.*

Die Briten spinnen an langen Winterabenden gern ihr nationales Seemannsgarn (oder Jägerlatein) vor dem offenen Kaminfeuer. Noch heute geistert die Story des britischen Super-

Toddy durch die Geschichten am Kamin: Da soll im Jahre 1694 der britische Admiral Russel im spanischen Alicante eine Gartenparty gegeben haben, für die in einem riesigen Marmorbecken folgende Zutaten gemixt wurden: 250 Gallonen Cognac, 250 Gallonen Malaga-Wein, 500 Gallonen Wasser, 50 Gallonen Zitronensaft, 1300 Pfund Zucker und fünf Pfund geriebene Muskatnuß. In einem Mini-Kahn schipperte ein Matrose auf diesem bacchantischen See herum, um den Gästen die Gläser nachzuschöpfen.

Wir machen es hier ein paar Nummern kleiner und weniger alkoholisch mit unserem heißen Aufpepper für kalte Januartage, dem

Orangen-Toddy

Für vier Personen brauchen Sie	Zubereitung
1/4 l Grand Marnier	*Schneiden Sie die Orange in Scheiben, und gaben Sie diese mit je einer Nelke gespickt in ein feuerfestes Glas. Nun gießen Sie den Grand Marnier darüber und lassen das Ganze so lange ziehen, bis Sie die kräftige Teemischung zubereitet haben. Den mit Honig gesüßten Tee zum Schluß vorsichtig in die Gläser gießen.*
1 Orange	
4 Nelken	
1 l heißen Tee aus einer Orange-Pekoe-Mischung	
4 EL Honig	

Und mit diesem Toddy fließen wir schon langsam über die Grenze in das unendlich weite Meer des *Punsch*.

Auf die Erfindung des Punsch machen Ost und West gleichermaßen Besitzansprüche geltend. Wie in der Politik. Alles schon mal dagewesen!

In der *östlichen* Version stammt das Wort Punsch aus dem Hindi-Begriff *panc*. Was so viel wie „fünf" bedeutet (nach den fünf klassischen Zutaten des Punsch, nämlich Arrak, Zucker, Zitronensaft, Tee und Gewürz).

Die *westliche* Version siedelt den Begriff Punsch in der Andenregion an. Die dort lebenden Indianer nannten den von den Spaniern eingeführten Rum *ponche*.

Ob nun der Obst- oder Westwind den Punsch nach Europa geblasen hat, jedenfalls wurde er bald ein Lieblingsgetränk der Literaten.

Wobei manche Mixtur gar schrecklich geschmeckt haben muß. Der „Großherzogliche Sachsen-Weimarische wirkliche Geheimrath und Staatsminister von Goethe" (so die Visitenkarte unseres Dichterfürsten) beschrieb seinen Lieblingspunsch folgendermaßen: „Zwei Bouteillen Pontak (Bordeaux) in einem Napf, Pomeranzen halbiert, auf einen Rost gebraten, 1 groß Stück Schwarzbrot mit Rübe, etwas gedörrt, diese zwey Stück nebst ein halb Pfund Zucker in den Napf, eine Viertelstunde stehen lassen; zugedeckt! Muskat gerieben zu dem Vorhergehenden. Excellent!"

Na ja. Über Geschmack läßt sich wohl nicht streiten.

Das bekannteste literarische Denkmal hat dem Punsch wohl Heinrich Spoerl mit seiner ,,Feuerzangenbowle'' gesetzt.

Die Feuerzangenbowle mit ihrem dekorativ brennenden Zuckerhut gehört zur Mix-Familie der *Krambambuli*. So hießen schon vor 200 Jahren diese zuckrig-heißen Flambiergetränke.

Ein altes Studentenlied preist gar über 102 Strophen lang die köstlich-labende Wirkung der Krambambuli. Mir dröhnt noch heute (wir wohnten neben einer Studentenverbindung) der nächtlich-beschwipste und somit ziemlich dissonante Männerchor in den Ohren:

Krambambuli, das ist der Titel
des Tranks, der sich bei uns bewährt.
Es ist ein ganz probates Mittel,
wenn uns was Böses widerfährt . . .

Und so weiter, bis die üblichen Textschwächen die lauthalsen Chorstimmen etwas ausdünnten.

,,**E**ine Feuerzangenbowle ist nur etwas für Pyromanen'', erklärte mir in London der alte Barkeeper Charles (der in Wirklichkeit Karl hieß und aus Wunsiedel kam). Eine Meinung, die ich keineswegs teile. Ich finde es unheimlich gemütlich, rund um den duftenden Bowlentopf zu sitzen und in die bläulichtanzenden Flämmchen zu schauen.

Die Scheu vor einer Feuerzangenbowle resultiert meistens aus dem unsicheren Gefühl: hoppla, da brennt's, das kann ins Auge gehen (oder auf den Teppich oder auf die Tischdecke). Wenn man jedoch das richtige ,,Know-how'' hat, ist die Gefahr gleich Null.

Sie brauchen nur einen feuerfesten Topf, auf dessen Rand eine „Feuerzange" (gibt's noch heute zu kaufen!) paßt. Den Tisch decke ich noch in einem Radius von 50 Zentimetern um den Topf mit einer Gold- oder Silberfolie ab. Erstens sieht es hübsch aus und zweitens schützt es gegen mögliche Rumspritzer. So, und hier nun ist das alte klassische Rezept einer

➤ Feuerzangenbowle

Sie brauchen für acht bis zehn Personen
3 Flaschen trockenen leichten Rotwein (Beaujolais, Côte du Rhône)
1/2 Flasche Rum (56 Prozent)
3 Orangen
2 Zitronen
1 Zuckerhut
1 Stange Zimt
5 Nelken
1/3 TL gemahlenen Ingwer

Zubereitung

Den Rotwein gießt man in einen Topf, schält von den (ungespritzten) Südfrüchten ein paar dünne Streifen ab und gibt sie mit Zimt und Nelken dazu.

Das Ganze wird erhitzt und in einen feuerfesten Topf abgeseiht. Den Saft der Südfrüchte gießt man nun zu dem Rotwein, streut den Ingwer auf die Oberfläche, legt die Feuerzange mit dem Zuckerhut auf den Topfrand und tränkt den Zucker ganz vorsichtig mit etwas Rum, so daß nichts danebentropft. Nun Licht aus! Und den Zuckerhut anzünden. Der Rum wird später immer nur löffelweise und behutsam über die blauen

Flämmchen nachgeträufelt. Romantik nach Großväter Sitte und doch immer wieder neu!

Für deutsche Dichter und Denker war der Punsch wohl so eine Art „Droge des 19. Jahrhunderts". Über den Punsch gerieten sie ins Schwärmen und auch ins Schwätzen. Der sonst eher bieder-bürgerliche Schriftsteller Heinrich Seidel verstieg sich sogar zu der Punsch-Hymne:

„Und würden zu Rum alle Ströme
und alle Meere zu Wein
Und schmölzen dann sämtliche Berge
als Zuckerhüte hinein
Und drückt man den Mond als Zitrone
dann in die köstliche Flut
Und heizt die riesige Bowle
mit der Erde vulkanischer Glut
Und könnt' ich dann liegen und schlürfen
und trinken ohn' Aufenthalt
Es würde doch nimmer bestehen
vor meines Durstes Gewalt."

Silvester ist der Durst zwar auch gewaltig, aber ganz so uferlos-bacchantisch wie bei Heinrich Seidel wollen wir es denn doch nicht treiben.

Zwar soll's heiß hergehen, innerlich und äußerlich, langer Vorbereitungsklimbim ist jedoch ebensowenig gefragt wie ein alkoholischer „Vorschlaghammer".

Den Silvesterpunsch bei Freunden in einem Schweizer Chalet werde ich nie vergessen. Von den majestätischen Dreitausendern ringsum zischten die grellbunten Lichterbäume der Raketen ins Tal, tauchten die kristallweiße Schneelandschaft in eine rasant wechselnde Disco-Farbpalette. Dazu Kuhglockengerassel, Kälte und klamme Hände – und dann dieser Silvesterpunsch! Wir haben ihn fröhlich und literweise geleert – ohne Nebelschwaden im Kopf am Neujahrsmorgen. Das leicht veränderte Rezept für den

➤ Silvesterpunsch

ist ganz einfach. Das Geheimnis liegt nur in der Qualität der Zutaten. Billige Weinverschnitte wirken wie flüssiges Kopfweh!

Sie brauchen (für etwa 10 Personen)	**Zubereitung**
3 Flaschen guten deutschen Weißwein, halbtrocken bis lieblich, am besten eine erstklassige Spätlese (ein Elsässer Gewürztraminer bzw. Tocai sind ebenfalls in Ordnung)	*In einen großen Topf (mindestens sechs Liter Fassungsvermögen) werden Weißwein und Madeira gegossen und erst kurz vor Mitternacht langsam bis kurz vor den Siedepunkt erhitzt. Den Topf (mit einem entsprechenden Untersatz) auf den Tisch stellen und erst vor den Augen der Gäste das duftende Gebräu mit sprudelndem Sekt aufgießen. Prosit Neujahr!*
1 Flasche Madeira	
1 Flasche guten Sekt	

Some like it hot – some like it cold.

Mindestens ebenso erfolgreich wie die „dampfende Droge" sind die kalten Karibik-Punsche. Besonders zur Faschingszeit taucht man gerne ein in das eisgekühlte Meer der *Planter's Punch* und *Daiquiris*. Seit im Jahre 1630 der erste Zuckerrohrschnaps auf Barbados destilliert wurde, haben die Rumdrinks ihren Siegeszug durch alle Bars dieser Welt angetreten.

Vergessen sind die ersten Leberkiller-Sorten, von denen der Rum seinen Namen ableitet. Der englische Begriff *rumbullion* stand im 17. Jahrhundert für Krawall und Tumult.

Und zu Krawall-Typen wurden die Trinker tatsächlich, wenn sie ein paar Gläschen des 70- bis 90prozentigen Feuerwassers intus hatten.

Die heutigen Sorten weisen zwischen 35 und 50 Prozent Alkohol auf und hauen, wie es im Shanty-Text so schön heißt, „einen Seemann nicht gleich um". Vor allen Dingen nicht, wenn sie mit Früchten und Säften verlängert werden. Rumsorten gibt es fast so viele wie Inseln in der Karibik, über hundert schätzt man. Ob weißer oder brauner Rum oder eine der zahlreichen Schattierungen dazwischen, ist eine Geschmacksfrage.

Weißer Rum eignet sich, ähnlich wie Gin und Wodka, zum Cocktailmischen.

Der braune Rum, kräftiger und würziger im Geschmack, ist überall da angezeigt, wo er sich gegen Früchte und Gewürze durchsetzen muß: nämlich beim Punsch.

Vom berühmten *Planter's Punch* gibt es ungefähr so viele Variationen, wie es Barmixer gibt. Eine ganz besonders wohlschmeckende habe ich auf einer Zuckerrohrplantage in Jamaica getrunken, im Schatten der berühmten „Blue Mountain"-Bergkette, wo eine der weltbesten Kaffeesorten wächst. Im Hause des Plantagenbesitzers gab's kein Showmixen mit silbernen Bechern, da wurde direkt in hohe Gläser hineingerührt – und es schmeckte köstlich. Das einzig Mühselige ist die Herstellung von gestoßenem Eis (in einem Plastiksäckchen Eiswürfel mit einem umwickelten Hammer zerklopfen).

Planter's Punch Jamaica

Zutaten pro Person	Zubereitung
1 EL Grenadine *1 EL Zitronensaft* *4 cl brauner Rum* *1 große Orange*	*Füllen Sie ein hohes Glas halb mit zerstoßenem Eis, geben Sie je einen Eßlöffel voll Grenadine und Zitronensaft darüber sowie einen kräftigen Schuß (ca. vier Zentiliter) braunen Rum. Das Ganze wird mit frisch gepreßtem Orangensaft aufgefüllt, umgerührt und mit einer Orangenscheibe dekoriert. Die Orangen müssen vollreif und süß sein, sonst nehmen Sie lieber Ananassaft.*

Für die heiße Faschingsparty empfiehlt sich ein „verlängerter" Punsch, damit die Gäste nicht zu schnell aus den Tanzschuhen kippen. Und da beim

Faschings-Party-Punsch ➤

die Grundzutat ein französischer Calvados ist (und somit eigentlich „Toddy" heißen müßte), schließt sich der Bogen unserer internationalen „Punschiade" wieder in Europa.

Zutaten für acht Personen	Zubereitung
Saft von 8 Orangen *Saft von 6 Zitronen* *2 dl Grenadine* *1 Flasche Calvados* *6 Flaschen Ginger Ale* *Eiswürfel*	*In einem Bowlengefäß werden Orangensaft, Zitronensaft, Grenadine und Calvados gut gemischt und kühl gestellt. Vor dem Servieren gibt man einige Eiswürfel in das Glas und gießt mit sprudelndem Ginger Ale auf.*

Ein Durstlöscher, der genauso gut im Sommer schmeckt. Der Punsch kennt eben keine Jahreszeiten!

Gourmet-geschenke

Liebesgaben aus der Küche

„Kleine Geschenke erhalten die Freundschaft" . . . Wenn das Sprichwort zuträfe, müßten wir zu Weihnachten ein Volk von Freunden sein. Es wird gebastelt, gebacken, gekauft, was der Geldbeutel hergibt.

Das Geschenke-Karussell dreht sich von Jahr zu Jahr immer höher, immer schneller, immer aufwendiger.

Aber es dreht sich halt doch nur im Kreise. Originalität kann man an der Karussellkasse bekanntlich nicht kaufen. Statt zwei Flaschen Wein schenkt man heute sechs, statt Sekt gibt's Champagner, statt eines Christsterns die zellophanverschachtelte Orchideenrispe.

Alles etwas teurer und weniger persönlich.

Die schönsten Weihnachtsgeschenke waren für mich immer – die eßbaren. Nicht die hausgemachten Plätzchen und Stollen – die gehören zu den Selbstverständlichkeiten der Weihnachtszeit. Ich meine die ganz besonderen Gaumenkitzel, die man in dieser Form noch nirgendwo genossen hat.

Mir läuft heute noch das Wasser im Mund zusammen, wenn ich an ein Geschenk meiner Freunde in der Lüneburger Heide denke. Nach der Hausschlachtung der Schweinedame Jolanthe entstand eine Leberpastete, die so köstlich-würzig nach Thymian und Majoran und einem Hauch von Trüffeln duftete, daß man schier danach süchtig werden konnte.

Oder das Glas mit den vollreifen, zarten Kürbishappen, eingelegt in feinem Moscato-Wein, das mir der füllige Wirt Tonino im Piemont zum Abschied in die Hand drückte.

Kulinarische Köstlichkeiten, die Feinschmeckerzungen feucht werden lassen!

Die Suche nach ihnen führt uns immer wieder nach Frankreich, wo die berühmten „Traiteure", die Feinkosthändler, ihren Ruf und ihren Ehrgeiz in Gläser, Flaschen und Terrinenformen betten. Ich habe „Fauchon" und „Lenôtre" in Paris, aber auch die Feinkosthallen von „Harrods" in London durchforstet nach Anregungen für hausgemachte Spezialitäten, die nachvollziehbar sind als ganz persönliche Präsente für gute Freunde zu Weihnachten. Hier eine kleine Auswahl, für die man keinen Meisterbrief als Koch in der Tasche haben muß!

Das Wichtigste für die Franzosen zu Weihnachten ist – das gute Essen. Schon Wochen vor den Feiertagen „brummt" es

in Frankreichs wohl berühmtestem Feinkostladen „Fauchon" an der Pariser Place de la Madeleine wie in einem Bienenhaus kurz vor dem Ausschwärmen. Die Stände mit den berühmten Gänseleberpasteten, Hausmacherterrinen, fruchtigen Konfitüren, dem Eingelegten und Eingemachten sind von Menschentrauben umlagert. Dreißig verschiedene Essigsorten gibt es hier und vierzig verschiedene Senfsorten. Ein wahres Dorado für Hobby-Köche!

Aber „Fauchon" hat schon immer über die Landesgrenzen hinaus geblickt. Wenn man in den alten Katalogen, z. B. von 1908, blättert, findet man eine riesige Rubrik englische Artikel. Die *Chutneys* waren schon zu Anfang unseres Jahrhunderts ein Renner. Nur kosteten sie im Jahre 1908 pro Gläschen noch einen Franc und 20 Centimes. Heute muß man für das berühmte Mango-Chutney bei „Fauchon" schon 25 Francs hinblättern. Oder – es selber machen.

Chutneys zu Geflügel oder kaltem Braten (Silvesterbuffet!) sind ein hübsches Mitbringsel für gute Freunde. Anpassungsfähig wie ein Chamäleon an alle kalten Fleischsorten oder warmen Geflügelgerichte ist das

Mango-Nuß-Chutney

Man füllt es in ein großes Schraubglas, beklebt es mit hübschen Etiketten, von wem es kommt, für wen es bestimmt ist, wann es zubreitet wurde und zu welchen Gerichten es paßt.

Sie brauchen dafür

2 reife Mangos
50 g ungesalzene Cashew-Nüsse
50 g frische Ingwerwurzel
2 Chilischoten
1 große Gemüsezwiebel
250 g braunen Zucker
1/4 l Weißweinessig
1 TL Senfkörner
1 TL Salz

Und so wird es gemacht

Das Mangofleisch in Würfel schneiden, die Nüsse und die Chilischoten hacken, Zwiebel und Ingwer fein raffeln. Alle Zutaten in einen Topf geben und etwa eine Stunde lang (offen!) unter häufigem Rühren auf kleiner Flamme köcheln lassen, bis sie etwas eingedickt sind.

Die Konsistenz ist eine Geschmacksfrage. Sollte Ihnen das Chutney zu flüssig sein, binden Sie es zum Schluß mit etwas Speisestärke.

Als die neue französische Küche vor fast 20 Jahren auch in die deutschen Kochtöpfe Einzug fand, kamen in ihrem ,,Kielwasser'' die feinen, würzigen Essigsorten ,,nachgeschwommen''. Wer hatte schon bis dato von Estragon- oder Himbeeressig gehört?

Unter den 30 Essigsorten bei ,,Fauchon'' findet man die ungewöhnlichsten Geschmacksrichtungen: Cidre und Honig oder Safran oder Minze, Muskat und Mandeln. Der Renner jedoch ist nach wie vor der

➤ Estragon-Essig

Er paßt nicht nur zu allen Salaten, er paßt auch zu Fisch- und Geflügelsaucen.

Wenn Sie eine hübsch geformte Wein- oder Whiskyflasche in ihrem ,,Fundus'' haben, bewahren Sie diese bitte nach Leerung auf. Ein Dekoretikett mit stilisierten Blüten darauf – und fertig ist der ,,Mantel'' für die Liebesgabe aus der Küche.

Den Estragonessig sollten Sie rechtzeitig ansetzen. Er benötigt vier Wochen zum Aufsaugen der Aromastoffe. Die Herstellung ist sehr einfach: Kaufen Sie eine Flasche guten Weißweinessig und ein Bund frischen Estragon. Den Estragon waschen, trockentupfen, die Blättchen abzupfen und in den Essig geben. An einem warmen Ort vier Wochen aufbewahren. Dann das Gebräu durch einen Filter oder ein Haarsieb abgießen.

In die Geschenkflasche schiebt man vorsichtig ein Zweiglein frischen Estragons und füllt den Essig langsam ein. Die Flasche verkorken und mit einer Rüsche aus grün-goldenen Bändern versehen.

Ebenso einfach herzustellen und trotzdem sehr dekorativ als Geschenk ist der

Wodka mit eingelegten grünen Feigen

Die einzige Schwierigkeit ist die Suche nach grünen Feigen. Die eigentliche Saison ist kurz: von September bis Oktober. Aber man findet die leckeren Früchtchen dennoch aus südlichen Importländern. Fragen Sie Ihren Feinkosthändler!

Sie brauchen
8 grüne Feigen mit fester Schale
1 Pfund Zucker
Saft einer Zitrone
1/2 l Wasser

So wird's gemacht

Die Feigen werden vorsichtig gewaschen, trockengetupft und nebeneinander in einen großen Topf gebettet. Mit einer Nadel die Früchte ein paarmal einstechen, dann mit Wasser bedecken und zum Kochen bringen. Sobald das Wasser einmal aufwallt, den Topf vom Herd nehmen und das Wasser abgießen.

Nun bringt man in einem zweiten Topf Zucker, Wasser und Zitronensaft zum Kochen und läßt das Ganze unter ständigem Rühren fünf Minuten lang simmern.

Den noch warmen Sirup über die Feigen gießen und über Nacht abkühlen lassen.
Am nächsten Tag die Feigen herausnehmen und vorsichtig in ein großes Schraubglas legen. Den Sirup noch einmal kräftig durchkochen und noch heiß über die Feigen gießen. Deckel drauf. Das Glas ein paar Tage auf dem Kopf stehen lassen, damit alles gut durchzieht, und erst dann etikettieren. Eine Flasche guten Wodka kaufen und mit den gleichen Bänderrüschen versehen wie das Schraubglas.

Merkwürdig, daß bei der Vorliebe der Deutschen für Eingemachtes eine französische Spezialität relativ unbekannt geblieben ist, auf die sich in den kalten Wintermonaten meine Freunde mit Begeisterung stürzen: in Fett eingelegtes Gänse- oder Entenfleisch.

Kalt auf frisches Bauernbrot gelegt oder warm zu Bratkartoffeln oder auf Linsen und dicken Bohnen ist dieses rustikale Gericht aus dem Südwesten Frankreichs zwischen dem Languédoc und der Gascogne *der* kulinarische Knüller in der kalten Jahreszeit. Die feinen Pariser kaufen

Enten-Confit

gern fertig bei „Fauchon" – weil es bei der Zubereitung in der eigenen Küche etwas unfein nach ausgelassenem Schmalz düftelt. Aber abgesehen von dieser kurzen Geruchsbelästigung ist die Herstellung wirklich kinderleicht.

Wer keine Erfahrung hat im Tranchieren bzw. Parieren, wie das Zurechtschneiden des Fleisches heißt, läßt sich die Ente beim Metzger in sechs bis acht Teile zerlegen.

Sie brauchen

Einen hübschen Keramiktopf (wie für Gewürzgurken oder Rumfrüchte)
1 schwere Ente von drei bis vier Pfund
100 g grobes Meersalz
2 Lorbeerblätter
2 TL Thymian
2 TL zerdrückte schwarze Pfefferkörner
3 Pfund Gänseschmalz (ohne Grieben)

Zubereitung

Alle Gewürze werden (am besten im Mörser) zerstoßen und damit die Ententeile eingerieben. Über Nacht im Kühlschrank einziehen lassen. Am nächsten Tag mit Küchenkrepp die Gewürze abtupfen, die Ententeile mit der Haut nach unten in einen Bräter legen und das Fleisch bei 150 Grad zehn Minuten anbräunen lassen. Das Gänseschmalz hinzugeben und alles etwa 90 Minuten sanft garen (jetzt düftelt es halt!). Danach mit zwei Schöpflöffeln voll heißem Fett den Boden des Keramiktopfes ausgießen und die Ententeile nach und nach einlegen. Im-

mer wieder mit flüssigem Fett begießen. Das Fleisch muß zum Schluß luftdicht mit einer Fettschicht bedeckt sein.
Mit Pergamentpapier oder Folie den Topf abdichten, die Schmalzente an einem kühlen Ort eine Woche durchziehen lassen – und verschenken. Das Confit hält sich über Wochen. Nur sollte man nach der Entnahme einzelner Stücke die „Löcher" mit verflüssigtem Fett kitten!

Das zweite Pariser Markenzeichen ist der Zuckerbäcker-König Gaston Lenôtre. Seit der gebürtige Normanne 1957 in die französische Metropole zog und mit seinen süßen „Créationen" die Pariser im Sturm eroberte, ist sein Ruf einmal rund um den Erdball gezogen – ähnlich dem seines cleveren Landsmanns Paul Bocuse.

Der Verkaufsschlager in einer der „Urzellen" des Lenôtre-Imperiums in der eleganten Rue Faubourg St. Honoré ist das

➤ Fruchtgelee-Konfekt Lenôtre

Es ist denkbar einfach herzustellen – wenn man die richtige Gelierform gefunden hat. Geeignet sind alle eckigen Auflauf- oder Kuchenformen mit geradem Boden und mindestens vier

Zentimeter hohem Rand. Auch entsprechende Alu-Formen erfüllen ihren Zweck. Wählen Sie grundsätzlich ein Obst, zu dem es auch den passenden Fruchtlikör gibt, also Aprikose, Pfirsich, Birne, Himbeere, Kirsche. Entweder frisch oder tiefgefroren oder aus dem Glas (dann aber ungesüßt).

Für ein gutes Pfund Konfekt brauchen Sie

250 g gut abgetropftes Obst
200 ml Obstsaft
50 ml Fruchtlikör
400 g Zucker
15 g Butter
Saft einer halben Zitrone
Geliermittel für Konfitüre (Pulverform)
150 g groben Zucker für die Couvertüre

Zubereitung

Das Obst wird im Mixer mit Saft, Likör und der Hälfte des Zuckers fein püriert und in einem Topf ein paar Minuten kräftig durchgekocht. Das Geliermittel nach Vorschrift (auf 1500 Gramm Fruchtmenge berechnet), den restlichen Zucker, Butter und Zitronensaft dazu geben und alles unter ständigem Rühren zwei Minuten durchkochen lassen. Die Masse zwei Zentimeter hoch in eine mit Pergamentpapier ausgelegte eckige Form gießen und über Nacht in den Kühlschrank stellen. Das erkaltete Fruchtgelee wird in rechteckige Würfel geschnitten und in Grobzucker gewälzt.

Zum Verschenken legt man eine Spanschachtel mit Gold- oder Silberfolie aus und schichtet das Konfekt hinein.

Über den Kanal ins „Land der Puddings“ führt uns das letzte der „Homemade“-Präsente. Weihnachten und Plumpudding sind für die Briten unzertrennlich. Der dunkle, schwere Früchtekuchen ist wegen seiner „Dauerhaftigkeit“ ein ideales Festtagsmitbringsel – er hält sich im Kühlschrank bis zu einem Jahr!

Noch zu Shakespeares Zeiten war der Plumpudding eher eine halbflüssige Pflaumengrütze. Erst unter der üppigen Königin Victoria erlebten die Puddings ihre Hochblüte. Aus der Hofküche rollten ständig neue Kreationen. Auch die endgültige Form jenes Nationalgerichts, das die Briten heute als

Christmas-Pudding

bezeichnen. Wie gesagt, er sollte möglichst schon vier Wochen vor Weihnachten zubereitet werden. Die Zutatenliste ist zwar lang, die Herstellung jedoch denkbar einfach. Zum Geschenk wird der Plumpudding, wenn man ihn in einer hohen, hitzebeständigen Glasschüssel überreicht, die man mit Folie abdeckt und mit einem Stechpalmenzweig dekoriert.

Zutaten

150 g Korinthen
200 g Rosinen
50 g Orangeat
50 g Zitronat
150 g kleingeschnittenes Nierenfett
50 g gestiftelte Mandeln
100 g Semmelbrösel

Zubereitung

Die ersten 13 Zutaten werden vermischt. Dann schlägt man die Eier schaumig, reibt die Schale der beiden Südfrüchte ab und gibt sie samt dem ausgepreßten Saft und dem Weinbrand zu der Masse, die über Nacht zugedeckt im

125 g Mehl
150 g brauner Zucker
1/2 TL Salz
1/2 TL Piment
1 feingeraffelter Apfel
1 feingeraffelte Karotte
2 Eier
1 Zitrone, ungespritzt
1 Orange, ungespritzt
1/8 l Weinbrand

Kühlschrank ziehen muß. Am nächsten Tag die hitzebeständige Glasschüssel ausbuttern, mit der Masse füllen, mit Folie gut abschließen und im Wasserbad bei schwacher Hitze sechs Stunden garen lassen.
Während der nächsten Wochen den Pudding im Kühlschrank aufbewahren und zwei- bis dreimal mit einem Gläschen Weinbrand befeuchten – Merry Christmas!

Honig

die königliche Süße

Ein leichtes Herzklopfen verspüre ich schon, als wir uns dem Bienenhaus nähern. Das Brummen und Summen vor den Fluglöchern klingt in meinen Ohren eher bedrohlich als friedlich. Schlagzeilen über Mörderbienen in Brasilien fallen mir ein oder sonstige Horrormeldungen von der pauschalen Stechlust ganzer Bienenvölker.

„**S**ie brauchen keine Angst zu haben", sagt der Imker und sperrt sein Bienenhaus am Waldrand auf. „Wir züchten hier überwiegend die Carnica-Rasse, und die ist ausgesprochen sanftmütig. Bewegen Sie sich behutsam, und es passiert Ihnen gar nichts." Er muß viel Vertrauen in seine Bienen haben, der gute Mann, er trägt noch nicht einmal Schutzhandschuhe.

Langsam dämmert mir, warum man durch das Studium der Bienen sogar nobelpreisreif werden kann (wie der Wiener Zoologe Karl von Frisch, der für die Aufschlüsselung der Bienentanzsprache 1973 die begehrte Auszeichnung erhielt).

Denn zu beobachten, was sich an quirlig-buntem Leben in den Wabenrähmchen tut, ist ein nie ermüdendes, faszinierendes Spiel. Ein Volk von 70 000 Individuen werkelt und krabbelt herum, putzt den Stock und baut die Wachswaben, sammelt den Honig und füttert die Brut, kühlt oder heizt mit seinen Flügelventilatoren das kleine Königreich.

Da, die kleine Emsige, die mit dem Hinterteil aufgeregt wackelt wie ein Dirigentenstab beim prestissimo. ,,Sie hat eine neue Futterquelle entdeckt und tanzt ihren Kolleginnen jetzt genau die Richtung und die Entfernung vor'', sagt der Imker. Nicht zu übersehen ist die Königin. Sie ist größer als alle anderen und vom Züchter mit einem Farbklecks gekennzeichnet. Unermüdlich pumpt sie in die vorbereiteten Zellen ihre Eier, bis zu 2000 am Tag. Sie allein bestimmt, wes Geschlechts das Bienenbaby wird, indem sie eine ,,Spermavorratstaste'' in ihrem Körper betätigt.

Die Herren sind in *diesem* Erdenvolk kaum gefragt und nur zum Hochzeitsflug bestimmt. Die müden hundert Drohnen, die da jetzt noch in den Waben herumlungern, können einem fast leid tun. Ein paar Tage noch ohne Futter und sie verlassen entweder freiwillig das ungastliche Wirtshaus zum Sterben oder werden von den Arbeitsbienen rücksichtslos vor die Tür gekehrt. Widerstand ist zwecklos. Aufmüpfige werden glatt erstochen.

Das komplexe „Sozialleben" eines Bienenvolkes, seine Macht- und Positionskämpfe haben schon seit eh und je die Menschheit fasziniert. Dabei haben uns die Bienen schätzungsweise 35 Millionen Erdenjahre voraus. Der Homo sapiens bringt ja nur gut eine Million Jahre auf seinen „Zeitmesser". Die ältesten Bienenfunde dagegen stammen von den Küsten Jütlands und Mexikos: in Bernstein eingeschlossene Vorläuferinnen unserer Honigbiene, ungefähr 30 bis 35 Millionen Jahre alt.

Schon zur Steinzeit delektierte sich dann auch der Mensch an dem süßen Bienen-Kraftstoff. An den Höhlenwänden Aranas in Spanien fand man die Zeichnung einer wespentaillierten, langhaarigen Schönen, wie sie einen Wildbienenstock ausnimmt.

Honig wurde den Pharaonen für ihre ewige Reise mit in die Grabstätten gegeben (er war übrigens noch bei der Entdeckung der Gräber 4000 Jahre später genießbar!). Mit Honig soll auch Griechenlands Göttervater Zeus genährt worden sein. Daß sich die alten Germanen an Honig-Met labten, wissen selbst schon unsere jüngsten „Asterix"-Fans.

Honig als archaische Nährmutter zieht sich auch heute wieder durch die Bio- und Alternativwelle.

„**E**s ist auffallend, wie viele junge Leute sich für die Bienenzucht interessieren", sagt der Imker. „Eine richtige moderne Zeidler-Welle ist da im Gange. Und ich glaube kaum, daß das nur mit den paar Mark Nebenerwerb zu tun hat, die man damit machen kann. Mit 15 Bienenvölkern können Sie vielleicht zwei Zentner Honig erzielen. Das ist sicher nicht der Grund, warum es in Deutschland 100 000 Hobby-Imker gibt." Die aber mit 15 Millionen Kilogramm jährlich noch nicht einmal ein Viertel unseres Honigbedarfs decken können. Mit fast 1,3 Kilogramm pro Kopf und Jahr sind wir Deutschen die eifrigsten „Honigschlecker" der Welt.

Honig gegen Husten und Schlafstörungen, Blütenpollen als Vitamin-Kraftbomber im Müsli, Gelee Royale als geriatrisches Vitalitätsöfchen, Bienenwachs als duftendes Kerzenlicht, Bienengift als Hexenschußmittel – der Bienenfleiß der kleinen Maja kommt Gesunden und Kranken gleichermaßen zugute. Dabei muß die Imme für ein Pfund Honig eine Flugstrecke von dreimal rund um die Welt zurücklegen und zwei Millionen Blüten besuchen! Sie ist wirklich ein fliegender Winzling der Superlative. Eifrig befördert sie den Blütennektar in die Honigblase, einen stecknadelkopfkleinen Hohlraum in ihrem Leib. 60 Milligramm „Stoff" passen in dieses Bläschen. Und wenn es voll ist, summt Maja zurück zum Stock, mit 250 Flügelschlägen pro Sekunde. Schon auf dem Rückflug reichert sie die Honigblase mit körpereigenen Stoffen an, putzt den Blütenstaub an ihren Beinchen ordentlich zu einem Pollenhöschen zusammen. Immer im Dienst und bienenfleißig.

Am Stock hat der Imker ein Pollengitter angebracht, an dem sich die kleine Maja säuberlich das Pollenhöschen abstreift, bevor sie einer ungeduldig harrenden Arbeiterbiene den Inhalt der Honigblase einflößt. Fliegender Honigwechsel gewissermaßen. Die Stockbiene reichert den Stoff noch mit Enzymen an und pumpt ihn von Wabe zu Wabe, damit er Wasser verdunstet und eindickt. Ist der Honig reif, verdeckelt sie ihn mit einer dünnen Schicht aus der Wachsdrüse. Ein Zeichen für den „Bienenvater", daß er die Wabe entnehmen und in die Schleudermaschine stecken kann.

Warum wir allerdings das vitamin- und mineralstoffreiche Kraftfutter der Bienen eher in der winterlichen Tee- und Lebkuchenzeit ansiedeln, ist nicht einzusehen.

Im Sommer, wenn die „Frühjahrstracht" der Obstblüten, des Löwenzahns oder der Wiesenkräuter „abgeflogen" sind, schmecken diese Honigarten am besten.

„Ein frisch geschleuderter Honig hat ein intensiveres, würzigeres Aroma", weiß der Imker. „Im Herbst ziehen nur noch die Heide und der Wald nach." Eine ideale sommerliche Vermählung geht der Honig zum Beispiel mit frischen Früchten ein.

Für die Zeit der reifen Pfirsiche hat sich Deutschlands Star-Koch Eckart Witzigmann in seinen „Kulinarischen Kreationen" ein honigsüßes Früchte-Dessert einfallen lassen, die

Pfirsiche in Honiglikör mit Vanilleeis

Zutaten für vier Personen
4 reife Pfirsiche
1 Orange
1 Zitrone
10 g Ingwer
70 g Zucker
3 EL Honig
0,2 l Honiglikör
40 g gehobelte Mandeln
1 Packung Vanilleeis

Zubereitung

Die Pfirsiche kurz in heißes Wasser tauchen, damit sie sich abpellen lassen. Von der Orange und der Zitrone jeweils ein Drittel hauchdünn abschälen und so fein wie möglich stifteln, den Ingwer über die Zitrusstifte reiben.

Nun die Hälfte der Orange und der Zitrone auspressen,

den Saft mit 30 Gramm Zukker aufkochen, die Pfirsiche hineingeben und bei kleiner Flamme etwa acht Minuten unter mehrfachem Wenden weich dünsten.
In der Zwischenzeit 40 Gramm Zucker mit vier Zentiliter Wasser aufkochen, bis ein hellbrauner Karamel entsteht. Mit dem Honiglikör ablöschen und alles langsam auf ein Drittel einkochen lassen. Zum Schluß mit dem Honig süßen.
Die Pfirsiche halbiert jeweils auf einen tiefen Teller verteilen, den Saft in den Honigkaramel gießen, die Zitrusstifte hineingeben und diese Sauce über die Pfirsiche verteilen. Mit Mandelblättchen bestreuen.
Das Dessert wird ganz zuletzt mit zwei kleinen Kugeln Vanilleeis dekoriert.

Die chinesische Küche hat den Honig nicht nur bei den Desserts gepachtet. Zu Spanferkel und Geflügel ist der Honig nicht wegzudenken. Eine ursprünglich chinesische Spezialität, die zu uns allerdings über einen lateinamerikanischen Umweg kam, sind die *Spareribs*. Im Chinesischen *K'ao-pai-ku*. Ideal für Gartenparties oder den Sonntagsbrunch, weil sie sich auf dem Gartengrill genauso würzig-kroß braten lassen wie im Backofen. Für

Gegrillte Schweinerippchen mit Pflaumensauce

braucht man vom Metzger in Portionen zerteilte Schweinerippen (pro Person 6 Stück).

Zutaten für die Marinade von vier Portionen	**Zubereitung**
1/4 Tasse Sojasauce *2 EL Honig* *2 EL Hoisin-Sauce* *2 EL Obstessig* *2 EL Reiswein (oder trockener Sherry)* *1 TL Zucker* *2 EL Hühnerbrühe* *1 TL feingehackter Knoblauch* **Als Beilage** *Pflaumensauce (Chinaabteilung)*	*Alle Zutaten für die Marinade zusammenrühren, die Rippchen in eine flache Schüssel legen und mit der Marinade begießen. Drei Stunden unter häufigem Beschöpfen die Gewürze einziehen lassen. Den Gartengrill anheizen oder den Backofen auf 200°. Die abgetropften Rippchen auf dem Grill oder im Backofen auf einem geölten Blech 20 bis 30 Minuten von beiden Seiten braten.* *Dazu schmeckt als „Tunke" eine fertige Pflaumensauce und eine große sommerliche Salatschüssel.*

Übrigens: Das Rezept eignet sich auch hervorragend für einen süß-sauren Schweinebraten. Man läßt einfach das Fleisch in der Marinade ziehen und brät es anschließend in Öl an. Die Marinade nimmt man zum Ablöschen und läßt dann das Fleisch in diesem Saft bei geschlossenem Deckel garen. Erst zum Schluß würzt man mit Salz, Pfeffer und einem Schuß süßer Sahne.

Auch die Ente vermählt sich ganz besonders gut mit einer honig-fruchtigen Geschmacksnote. Beispiel: die berühmte *Ente à l'Orange.*

Ein sehr leicht nachzukochendes Rezept dieser französischen Spezialität wird im Pariser Zwei-Sterne-Tempel „Lasserre" serviert, die

➤ Ente à l'Orange Lasserre

Zutaten für vier Personen
1 Ente von ca. 2,5 Kilo
3 bis 4 Orangen
150 g Butter
1 dl Grand Marnier
Für die Sauce
1 EL Obstessig
2 EL Honig
Saft von 3 Orangen
1 1/2 dl kräftige Fleischbrühe
1/2 dl Orangenlikör

Zubereitung

Die Ente in einem passenden Schmortopf ringsherum in Butter anbraten und zugedeckt bei schwacher Hitze ca. 45 Minuten garen. Anschließend mit Grand Marnier begießen und nochmals fünf Minuten köcheln lassen.

In der Zwischenzeit schält man die Orangen und zerteilt sie in Filets, wobei man die

1/2 dl Aprikosenlikör	
Pfeffer	

weiße Haut und die Fasern gut entfernt.
Ist die Ente fertig, wird sie in Alufolie gehüllt und warm gestellt. Die Sauce gießt man durch ein Sieb in eine Kasserolle, gibt alle Saucenzutaten – außer den Likören und dem Honig – hinein und kocht das Ganze kräftig um ein Drittel ein. Mit Küchenkrepp die Sauce entfetten. Erst zum Schluß werden die Liköre und der Honig angeschüttet, mit Pfeffer die Sauce abgeschmeckt und die Orangenschnitzel zum Wärmen hineingegeben.
Die Ente in Scheiben tranchieren, mit den Orangenschnitzen umlegen und mit der Sauce übergießen.
Dazu paßt alles von der Kartoffel: Püree, Kroketten, sogar Reibeküchlein.

Aus längst vergangenen Süßmäuler-Zeiten hat der Pariser Zuckerbäcker-König Gaston Lenôtre in der Tourraine eine klassische Leckerei, halb Konfekt, halb Kuchen, ausgegraben und in ein modernes Gewand gekleidet, den

Honig-Gewürzkuchen Lenôtre

Zutaten für zwei Kastenkuchen von je 30 cm

Masse I

400 g heller Honig
250 g Kristallzucker
150 g Butter
4 dl heißes Wasser

Masse II

1 Orange
1 Zitrone
100 g Mandelstifte
1 EL Anissamen
550 g Weizenmehl
3 Päckchen Backpulver
1 EL Butter

Zubereitung

Zwei Kastenformen zu je 30 Zentimetern Länge buttern und mit Pergamentpapier auskleiden. Die Zutaten von Masse I auf kleinem Feuer schmelzen lassen.

Die Orange und die Zitrone von Masse II sehr fein abschälen und entweder hauchdünn stifteln oder in einer Küchenmaschine zerkleinern.

Das Mehl mit dem Backpulver in einer Rührschüssel mischen und alle Zutaten, auch die von Masse I, zügig unterkneten.

Die zwei Kastenformen füllen und die Kuchen zuerst bei 200° 30 Minuten backen, dann mit Folie abdecken und eine weitere Stunde bei 170° zu Ende garen. Der Gewürzkuchen hält sich im Kühlschrank ungefähr zwei Wochen.

Mit Butter und einem Klecks Orangenmarmelade bestrichen und zu einem frischen

Obstsalat serviert, ist der Gewürzkuchen übrigens ein leckeres Sonntagsfrühstück für alle Süßmäuler.

Auch in Sommerdrinks, mit und ohne Alkohol, entfaltet der Bienennektar seine süße Würze. Zum Abschluß noch einen frisch-fruchtigen Party-Cocktail, den man in zwei Versionen servieren kann:

Champagnercocktail Framboise

Zutaten für vier Personen

- *400 g frische Himbeeren*
- *Saft einer Zitrone*
- *3 EL Obstblütenhonig*
- *2 cl Himbeergeist*
- *1 Fl. gut gekühlter Champagner (oder trockener Rieslingsekt)*

Zubereitung

Alle Zutaten (außer Champagner) im Mixer sehr fein pürieren und anschließend in eine Glaskaraffe füllen. Wenn die Gäste kommen, vom Fruchtmark einen guten Eßlöffel voll in ein Cocktailglas gießen und mit Sekt oder Champagner auffüllen.
Wenn Sie den Sekt durch ein bis zwei Liter Buttermilch ersetzen, haben Sie einen erfrischenden Schönheitscocktail für den Freundinnen-Treff (oder einen kalorienarmen Diättag).

Das Honig-Brevier

Honig sollte möglichst nicht mitgekocht werden, da sonst seine wertvollen Vitamine und Mineralstoffe zerstört werden.

Das Kandieren des Honigs ist ein natürlicher Vorgang, der die Qualität nicht beeinflußt. Will man den Honig wieder verflüssigen, erwärmt man ihn (bis 40°) im Wasserbad.

Die wichtigsten einheimischen Honigsorten sind:

Obstblütenhonig: zart, mild und hell;

Klee- und Rapshonig: fast weißlich, mild-neutral im Geschmack und überwiegend in fester Konsistenz;

Lindenblütenhonig: unter Kennern der beste einheimische Honig. Duftet intensiv nach Lindenblüten;

Heidehonig: rötlichbraun, etwas geleeartige Konsistenz, duftet aromatisch nach Heidekräutern. Wird auch als Scheibenhonig angeboten;

Waldhonig: aus Honigtau von Waldbäumen, dunkel und sehr würzig im Geschmack.

Aus dem Ausland kommen die „exotischen" Honigsorten wie Eukalyptus-, Lavendel- oder Orangenblütenhonig. Da sie sehr geschmacksintensiv sind, sollte man sie „solo" verwenden und nicht mit anderen Gewürznoten mischen. Das gleiche gilt auch für Wald- und Tannenhonig.

Honig, der unter einem Firmennamen verkauft wird, ist meistens ein Mischhonig. Schleuder- bzw. Preßhonig unterscheidet sich nur im Gewinnungsverfahren, nicht im Geschmack. Blütenpollen sollten unbedingt frisch konsumiert werden. Man schätzt, daß sie nach drei Wochen langsam ihre Wirkstoffe abbauen.

Mit Gelee Royale verhält es sich ähnlich wie mit Ginseng. Wissenschaftlich beweisbar ist die Vitalitätssteigerung durch Weiselfuttersaft nicht. Aber er hat auch noch niemandem geschadet.

Käse

ohne Kosmetik

„Wie soll man ein Land regieren, das 365 verschiedene Käsesorten produziert", hatte einst Charles de Gaulle in komischer Verzweiflung über sein Volk von Individualisten gesagt.

Glücklicherweise hat *dieses* Problem seine deutschen Amtskollegen bis zum heutigen Tag nicht bedrückt. Wir Deutsche gelten nun mal als ein Volk von Käsemuffeln. Davon beißt keine Maus ein Bröckchen ab. Zwar biegen sich die Kühltruhen in den Supermärkten unter einem Berg von Industriekäse. Neben den so beliebten Scheibletten, Geschmacksnote einerlei, tummelt sich Pasteurisiertes und Homogenisiertes, steril Verpacktes und luftdicht Verschlossenes in bunten Schächtelchen und Mäntelchen. Alles unter dem Markenzeichen: hygienisch einwandfrei, lange haltbar, aber leider völlig geschmacksneutral.

Jede standesbewußte französische Maus würde vor *diesem* Angebot seufzend mäuseln: ,,Alles Käse . . .''

Mit dem Käse verhält es sich eben wie mit dem Charakter: Es kommt auf den Inhalt an, nicht auf die Verpackung. Und ein guter Käse ist äußerlich meistens ziemlich unansehnlich, eher unregelmäßig in Farbe und Form.

Wie köstlich jedoch dieser ,,Käse ohne Kosmetik'' schmecken kann nach saftigen Weiden und aromatischen Wiesenkräutern, das erfährt man an den wenigen Quellen, die noch Traditionskäse anbieten, auf handwerkliche Art hergestellt, aus roher Milch.

Bei Wolfgang Hofmann zum Beispiel, dem Molkereifachmann im oberbayerischen Bad Tölz.

Mit Beginn der Frankreich-orientierten Edelfreßwelle hat Käsespezialist Hofmann die Zeichen der Zeit erkannt. Sein ,,Kasladen von Tölz'' beliefert heute nicht nur 80 Top-Restaurants in Deutschland mit 100 verschiedenen Käsesorten aus ganz Europa, Tochter Susanne erklärt auch liebevoll in der blitzblanken Filiale hinter dem Viktualienmarkt jedem Käsefreak, worauf es ankommt beim Käsekauf. Susanne Hofmann hat ihr Handwerk von der Pike auf gelernt, hat in kleinen Almkäsereien gearbeitet, auf einer Ziegenfarm und hat ihren Vater oft begleitet an die (geheimgehaltenen) Käsequellen in sechs Ländern.

Da liegen sie nun auf den Regalen, Susannes ,,Käsekinder'', appetitlich duftend, von weicher, aber nicht gummiartiger Konsistenz, in perfektem Reifezustand:

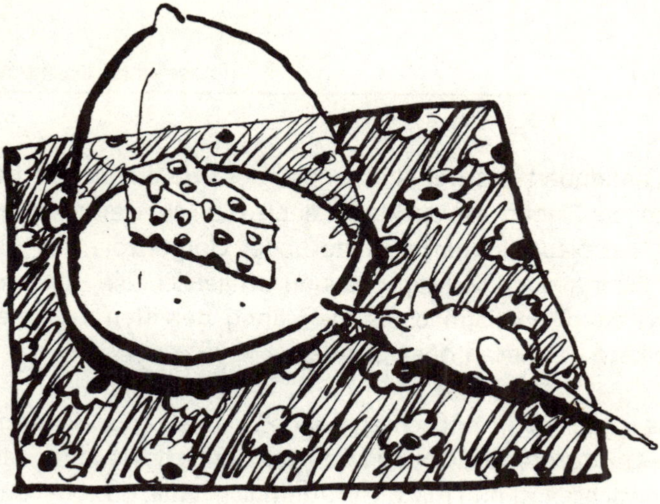

der Camembert aus der Normandie, der Brie aus der Ile de France, der Ziegenkäse aus dem Centre, der Munster aus dem Elsaß, der blaue Roquefort, Stilton oder Gorgonzola, der frische Ricotta oder Mascarpone und schließlich die „älteren Herrschaften" in Form eines mehrjährig gereiften Gruyère, Hobelkäse, Parmesan oder Gouda.

„**K**äse ist Milch, die erwachsen wurde", schrieb einst der englische Gastrosoph Edward Bunyard. Nun, entscheidend für das Heranwachsen ist nun mal die Muttermilch. Egal, ob von Rind, Schaf oder Ziege, gute Milch sollte an Naturweiden erinnern, an Bergkräuter, an die Almwelt von „Heidi", dem Idol der Kindertage.

All diese natürlichen Aromen „verduften" jedoch beim Pasteurisieren.

Qualitätsmerkmal Nr. 1 also: Käse aus Rohmilch ist der beste.

Im Ausland gibt's ihn noch reichlich. In Deutschland ist er durch das (übertriebene?) Hygienedenken fast zur Rarität geworden. Mit zwei Ausnahmen: Der Emmentaler und der Bergkäse aus dem Allgäu *müssen* sogar aus Rohmilch gemacht werden.

Ein gut gepflegter Emmentaler übrigens sollte in seinen Löchern stets „eine kleine Träne" tragen, ein wenig feucht sein, dann ist er richtig. Klar, daß sich beim Emmentaler sofort die alte Kinderfrage aufdrängt, wie denn die Löcher in den Käse kommen?

Antwort: In den 80 Kilo schweren Laibern entwickelt sich während der Reifezeit im Gärkeller Kohlendioxyd, das durch die Rinde nicht entweichen kann und kleine Blasen bildet. Käseliebhaber gehen mit der Natur. Sie richten sich nach Jahreszeiten, nach Milchqualität, sie wissen, wann „ihr" Käse am besten schmeckt.

Beim *Ziegenkäse* zum Beispiel sind es die Monate März bis Oktober. „Im Winter, wenn die Tiere lämmern, brauchen sie die Milch zur Aufzucht", erklärt Susanne Hofmann. „Ziegenkäse wird zwar auch im Winter angeboten, stammt aber dann meistens aus tiefgefrorener Milch."

Beim *Schafskäse* sind es die Monate Dezember bis Juni für die frischen Sorten (Ricotta). Der Hartkäse (Pecorino) schmeckt am besten im Sommer und Herbst.

Der gängigste aller Käse, der aus *Kuhmilch*, erreicht in weicher Form (Camembert, Brie) seinen geschmacklichen Höhepunkt, wenn die Wiesen in vollem Saft stehen, also von Frühjahr bis Herbst. Der länger reifende Hartkäse hingegen bekommt erst im Winter die besten Aromanoten.

Keine Jahreszeiten kennen die blauen *Edelpilzsorten*, wie der geheimnisumwitterte Roquefort, der in den Höhlen des Languédoc reift, von seinen Herstellern nach geheimgehaltenen Rezepten mit der Pilzkultur „Penicillum Roqueforti" geimpft und argwöhnisch bewacht gegen mögliche Käse-Spione. Der englische Stilton Blue hingegen ist wegen seiner längeren Reifezeit eher ein Kind des Winters. Man muß heute schon ziemlich weit reisen oder auf hohe Almen kraxeln, um noch die klassische Form des Käsemachens zu entdecken.

Ich bin den Spuren des Camemberts gefolgt an seine Quellen in der Normandie, 50 km von der Kanalküste entfernt, wo die Luft an manchen Tagen das Meer ahnen läßt, wie mit einer Spur von Salz und Jod angereichert erscheint.

Angeblich war's die Bäuerin Marie Harel, die Anfang des 19. Jahrhunderts die Camembert-Zubereitung „erfand". So jedenfalls hat es ein eifriger US-Bürger, der sich durch Camembert-Konsum von seinem Magenleiden geheilt fühlte, in der Geschichte des Örtchens Camembert recherchiert und seiner angeblichen Retterin dortselbst ein Denkmal setzen lassen.

Vor den Toren der Käserei von Pierre Lanquetot rollen in endloser Kette die blankgeputzten Kannen mit vollfetter Rohmilch von den umliegenden Bauernhöfen an. 100 000 Liter pro Tag!

Und dennoch wird hier noch nach alter Tradition von Hand gearbeitet. Die Milch wird durch Milchsäurebakterien zum Gerinnen gebracht, so daß sich der Käsebruch gegen die Molke absetzt. In kleinen Gärtonnen rollt die „saure Milch" jetzt in den Schöpfraum. Die Luft ist schwül und schwer wie in den Tropen nach einem Gewitterguß: Mindestens 30 Grad und 98 % Luftfeuchtigkeit herrschen hier. Acht Frauen arbeiten an symmetrisch angeordneten Plastikzylindern, die genau dem Durchmesser eines Camembert entsprechen. Eine Kelle mit Käsebruch schöpfen, in den Zylinder füllen. Der nächste bitte . . .

Etwa 5000 Formen werden in vier Stunden von einer versierten „Schöpferin" mit der Kelle gefüllt. Dann ist Ablösung. Trotzdem – ein harter Job!

,,**N**ur der Haut bekommt das Klima gut'', lacht Cathérine, die jüngste der Schöpferinnen, ,,die wird tatsächlich wie Milch und Blut.''

Von nun an will es der Camembert kühl haben. Will abgetropft werden, gewendet, in Salz gerollt, mit Penicillum besprüht und bei 12 Grad zur Reife gebracht werden, bis er sein flaumig-weißes Pelzchen hat.

Während seine ,,roten Kollegen'' in den benachbarten Orten Livarot und Pont l'Evêque eine andere Behandlung vorziehen: mit Apfelwein oder Salzwasser abgewaschen werden möchten, um ihre rote Rinde, genannt Rotschmiere, zu erhalten. So viele Käsesorten, so viele Zubereitungsarten.

Käse kennt man seit dem Altertum. Und von alters her hat er seinen Namen. Um den Bruch von der Molke zu trennen, ließ man ihn nämlich früher in Körben abtropfen.

Im Griechischen heißt Korb *formos*. Daraus entstand das französische *fromage* und der italienische *formaggio*. Im Lateinischen heißt Korb *caseus*. Daraus wurde spanisch *queso*, holländisch *kaas*, englisch *cheese* und – der deutsche Käse, mitsamt seiner höchst unbegründeten negativen Doppeldeutung.

Käsekauf ist Vertrauenssache, könnte man in Abwandlung eines alten Werbeslogans sagen. Besser jedoch, man weiß selbst, worauf es ankommt. Susanne Hofmann hat die vier großen ,,W'' rund um den Käse zusammengestellt.

***Wo**ran* erkennt man Käsequalität?
Maschinell Abgepacktes in bunten Kunststoffüberzügen meiden. Auch die französischen Sorten mit den klangvollen Namen! Käse aus Rohmilch erkennt man an seiner individuellen Form und Farbe.

Weichkäse sollte keinen harten Kern haben, aber auch nicht „laufen". Sonst wurde er unsachgemäß entwässert und entwickelt dann einen penetranten Geruch nach Ammoniak.

Hartkäse erkennt man an der Form der Löcher. Ein guter Emmentaler muß runde, möglichst kirschkerngroße Löcher haben, keine ovalen!

Beim Edelpilzkäse muß der Schimmel gleichmäßig bis an die Rinde verteilt sein.
Im übrigen: Jeder Käse schmeckt, wie er riecht!

***Wo**mit* stellt man eine Käseplatte zusammen? In der richtigen Reihenfolge: Weichkäse mit weißer Schimmelpilzrinde (Camembert, Brie), Weichkäse mit gewaschener Rinde (Livarot, Munster), Ziegenkäse, Edelpilzkäse (Roquefort, Stilton), eventuell noch Hartkäse (Emmentaler, Parmesan).

***W**ie* bewahrt man Käse auf?
Weichkäse und Schnittkäse in Pergamentpapier wickeln, Edelpilzkäse in Alufolie. Eine Plastikdose mit Druckdeckel ausspülen, so daß noch einige Tropfen Wasser hängenbleiben, den eingewickelten Käse hineingeben, Deckel verschließen und in den Kühlschrank stellen. So hält sich ein reifer Käse – ausgenommen sind Frischkäse – etwa zehn Tage. Mindestens eine Stunde vor dem Verzehr aus dem Kühlschrank nehmen!

***W**ann* ißt man die Rinde mit?
Einmütiges Urteil der Fachleute: außer bei Ziegenkäse nie! Die Rinde ist ja immer behandelt, gesalzen oder ähnliches. Da sammeln sich leicht Gär- und Bitterstoffe an.

Die Hofmanns – Vater, Sohn und Tochter – haben nicht nur gemeinsam ein Käsebuch geschrieben, sondern ein komplettes Käse-Menü ausgetüftelt. Beginnend mit:

Käsesuppe aus dem Jura

Zutaten für vier Personen
50 g Butter
50 g Mehl
300 g geriebener Comté (franz. Hartkäse aus dem Jura)
1,2 l Fleischbrühe
3 Eigelb
3/8 l Sahne
Salz, Pfeffer, Muskat
3 Zwiebeln
1/8 l Öl
50 g Butter

Zubereitung

Zwiebeln schälen, in feine Ringe schneiden und in Öl und Butter hellbraun rösten. Auf einem Sieb abtropfen lassen.
Die übrige Butter in einem Topf zerlassen, das Mehl hinzugeben, glattrühren und langsam mit kalter Fleischbrühe auffüllen. Dabei das Rühren nicht vergessen. Die Suppe 15 Minuten sanft köcheln lassen und dann den geriebenen Käse darin auflösen. Zum Schluß wird das Eigelb mit der Sahne verquirlt und in die heiße Suppe gegeben. Den Topf von der Feuer-

stelle ziehen, damit nichts mehr kocht!
Mit Salz, Pfeffer und Muskat abschmecken und mit den gerösteten Zwiebeln garnieren.

Als leichte Vorspeise zu einem großen Menü oder als kleines Abendessen empfiehlt sich der

➤ Friséesalat mit Gruyère

Zutaten für vier Personen	Zubereitung
1 Kopf Friséesalat	*Salat waschen, putzen und trockenschleudern oder -tupfen und dann in schmale Streifen schneiden. Gruyère in Stifte schneiden. Crème fraîche mit Senf, Mayonnaise und einer Prise Salz und Pfeffer verquirlen. Der Salat wird nun rund um den Tellerrand verteilt, der Käse in die Mitte gesetzt und zum Schluß mit dem Dressing übergossen.*
250 g Gruyère	
200 g Crème fraîche	
20 g Dijon-Senf	
30 g Mayonnaise	
Salz, Pfeffer	

Eine österreichische Spezialität mit englischem Blaukäse abgewandelt – das nennt man Euro-Käse. Hier ist das Rezept für

Tafelspitz mit Stilton und Bouillonkartoffeln ◄

Zutaten für vier Personen

1,5 kg Tafelspitz
1 kg Rinderknochen
1 Stange Sellerie
1 Karotte
1/2 Stange Lauch
1 Zwiebel
100 g Stilton
100 g Crème fraîche

Für die Bouillonkartoffeln

750 g Kartoffeln
1 Karotte
1 Knolle Sellerie
1/2 Stange Lauch
Salz, Petersilie, Butter

Zubereitung

Rinderknochen in kochendem Wasser kurz blanchieren und abgießen. Die Zwiebeln halbieren und auf der Schnittfläche anrösten. Die Gemüse putzen und waschen. Nun wird ein sehr großer Topf mit kaltem Wasser aufgesetzt, die Rinderknochen hineingegeben und alles zum Kochen gebracht. Man schäumt die Suppe erst einmal ab, bevor man das Fleisch hineingibt und dann das Gemüse. Das Ganze wird drei Stunden knapp unter dem Siedepunkt gegart und von Zeit zu Zeit abgeschäumt.

In der letzten Kochphase kann man bereits die Beilagen zubereiten.

Für die Stiltonsauce läßt man einfach den Käse in einem Stieltöpfchen über kleiner

Flamme zerlaufen, gibt die Crème fraîche hinzu, und rundet mit etwas Pfeffer ab.
Für die Bouillonkartoffeln werden Gemüse und Kartoffeln geputzt bzw. geschält und in kleine Würfel geschnitten. In einen kleinen Topf gibt man etwas Butter, schwitzt das Gemüse darin an, gibt die Kartoffeln hinzu, löscht das Ganze mit 1/2 Liter gesalzener Brühe (vom Tafelspitz) ab und läßt es 15 Minuten köcheln.
Zum Anrichten nimmt man das Fleisch aus der Brühe (wenn man die Flüssigkeit abpassiert, kann man sie als Vorspeise servieren), schneidet es auf, überzieht es mit Stiltonsauce und serviert dazu die Kartoffeln, mit Petersilie bestreut.

Als Dessert empfehlen die Hofmanns

Mascarpone mit Erdbeermark

Zutaten für vier Personen
250 g Mascarpone
1/4 l flüssige Sahne
100 g Zucker
2 Limonen
1 kg Erdbeeren
100 bis 200 g Zucker
2 cl Himbeergeist

Zubereitung

Wenn man tiefgefrorene Erdbeeren verwendet, muß man die Früchte auftauen, nach Geschmack zuckern, im Mixer pürieren und mit Himbeergeist parfümieren.

Nun die Mascarpone mit 100 g Zucker cremig rühren, die Sahne steif schlagen und alles miteinander verrühren. Den Saft der Limonen unterziehen und die Creme kaltstellen.

Zum Anrichten setzt man in die Mitte der Teller die Mascarponecreme und läßt sie von Erdbeermark „umfließen" und dekoriert je nach Jahreszeit noch ein paar frische Erdbeeren obenauf.

Käse

und was man dazu trinkt

Der Herr am Nebentisch in Münchens Nobelrestaurant „Aubergine“ war wohl kein echter Herr. Denn als der große Käsekorb an den Tisch gebracht wurde, dröhnte der Herr mit Stentorstimme: „Und zum Käse bringen Sie mir den besten Rotwein, den Sie haben. Einen Mouton Rothschild!“

Tut mir leid, ich halte diesen Auftritt schlichtweg für Imponiergehabe. Einen großen alten Bordeaux zum Käse, womöglich noch zu einem der schärferen Sorte, ist in meinen Augen Perlen vor die Kuh geworfen. Sieger bleibt nämlich der Käse. Er erschlägt mit scharfen Keulen die feine Eleganz eines großen Rotweins. Über die uralte Streitfrage, welches Getränk am besten zum Käse paßt, sind schon Freundschaften zerbrochen.

Ich finde, man soll das Ganze nicht so eng sehen. Erlaubt ist, was gefällt.

Rotwein paßt immer noch, pauschal gesehen, gut zum Käse (außer, daß ich eben keine kostbare 700-DM-Flasche dafür opfern würde). Aber ein trockener, nicht zu schwerer Rotwein ist sicher richtig. Sehr angenehm als Käsebegleiter ist zum Beispiel ein guter Beaujolais Village (nicht der „nouveau"!), wie ein Brouilly, Fleurie, Chiroubles oder Juliénas.

Und nirgendwo steht geschrieben, warum nicht auch ein *Weißwein* zum Käse passen sollte. Die Elsässer trinken zu ihrem Munsterkäse ja auch ihren Gewürztraminer.

Allerdings sollte der Weißwein eine feine Frucht und frische Säure aufweisen. Je salzhaltiger der Käse ist, um so mehr Säure im Wein verlangt er. Liebliche Weißweine zum Käse schmecken ähnlich wie Marmelade auf dem Frühstücksei.

Zu den „scharfen Geschützen" unter den Käsesorten, wie Limburger, Romadur oder der bayerische Weißlacker, bei denen man automatisch an Kümmel oder Schmalzbrot denkt, paßt für meinen Geschmack allerdings am besten ein gepflegtes Pils.

Natürlich gibt es noch unzählige regionale Spielereien rund um den Käse. Der Engländer trinkt zu seinem Stilton Blue gerne einen Port oder Sherry, in der Champagne kredenzt man den Nobelschaum auch zum heimischen Brie, in der Normandie wird der Camembert oft von einem Gläschen Apfelwein begleitet.

Das alles sind Gourmet-Spielerein, die man probieren oder auch lassen kann. Eines jedenfalls hat mir noch nie zum Käse geschmeckt – und das ist Wasser.

Kaffee

die heiße Bohne

Blaßgrün und ziemlich unansehnlich liegt sie in ihrem Jutesack, wenn sie aus dem Zollgebiet des Hamburger Freihafens anrollt. Auf den ersten Blick ist Deutschlands liebste Bohne eine sinnliche Null. Kein Duft, kein Aroma, kein proper-blank geschältes braunes Kleid, nur grüne Langeweile.

„**A**bwarten", sagt Jens-Uwe Jansen, traditioneller Kaffeeröster in Hamburg-Altona, und schaltet den Brenner ein. Die Trommel mit ihrem grasgrünen Inhalt wird von einem 200 Grad heißen Luftstrom durchpustet.

So nach vier bis sechs Minuten vollzieht sich das sinnliche Wunder. Plötzlich ziehen sämtliche Wohlgerüche Arabiens durch den Raum, es duftet köstlich nach Wiener Kaffeehaus oder italienischer Cafeteria, nach dem einzigen aromatischen Muntermacher, der morgens das Aufstehen erträglich macht. „Ein Santos-Kaffee, das erkennt man am Schnitt der Bohne", sagt Jens-Uwe Jansen fachmännisch, als der duftend-braune Berg zum Auskühlen im Sieb ruht. Als „Vorkoster der Nation" weiß der Experte, ob der Kaffee drei Tage oder drei Wochen alt ist, ob er aus der vorjährigen oder diesjährigen Ernte stammt (um Ostern gibt's mit der neuen Ernte den besten Kaffee!), ob das Getränk in einer Metall- oder Porzellankanne gebrüht wurde. Auch eine Fehlbohne erkennt er auf Anhieb.

„**R**iechen Sie mal", sagt Herr Jansen und zerbröselt eine fehlfarbene Bohne. „Das nennen wir einen Stinker." Nomen est omen. Der Stinker stinkt nach Muff und Moder und – pardon – leicht nach Katzenurin. Dank der modernen Technik hat jedoch kein Stinker die Chance, der Deutschen liebstes Getränk zu verpesten. Bei der elektronisch gesteuerten Verlesung wird jene Fehlbohne herauskatapultiert. Nur beste Ware fließt in deutsche Kaffeekannen.

„**D**ie Deutschen", sinniert Herr Jansen, „sind die absoluten Snobs unter den Kaffeetrinkern. Nur Top-Qualitäten sind gefragt."

Die Top-Qualitäten kommen heute aus Guatemala und Costa Rica, Kolumbien, Mexiko und Nicaragua. Das Salz in der Mischung bilden Santos- und Keniakaffee.

Wie eine breite Bauchbinde legt sich der Kaffeeanbaugürtel rund um den Globus. Zwischen dem 23. Grad nördlicher und dem 25. Grad südlicher Breite produzieren etwa 70 Länder im Jahr rund 93 Millionen Säcke (à 60 Kilo) Kaffee.

Nur zwei Sorten zählen heute noch an der Weltkaffeebörse: der von den Deutschen bevorzugte, im Hochland wachsende „Arabica" mit rund 75 Prozent der Weltproduktion und sein ärmerer Flachland-Bruder, der dunkler geröstete „Robusta", der hauptsächlich in die Espressovariationen fließt.

Die Bundesrepublik ist mit rund acht Millionen Säcken Kaffee zweitgrößtes Importland der Welt. Jeder (trinkfähige) Bundesbürger genießt täglich vier Tassen des belebenden Heißgetränks. Tendenz: einigermaßen stabil. Seit einiger Zeit herrscht wieder Ruhe an der Kaffeefront – nach dem Desaster von 1984.

Denn daß der Deutsche bei seinem Lieblingsgetränk überhaupt keinen Spaß versteht, mußten damals die großen Kafferöster auf empfindliche Weise erfahren, als sie versuchten, ein neues Röstverfahren dem Konsumenten unterzujubeln. Motto: weniger Packungsinhalt, dafür ergiebigeres Volumen. Die Aktion entpuppte sich gewissermaßen als Schuß in den Röstofen. Vom Verbraucher nicht angenommen, verschwand der „Popcorn-Kaffee" nach sechs Monaten wieder in der Versenkung.

Als edelster und teuerster Kaffee der Welt gilt der *Jamaica Blue Mountain* (der wird sogar in Holzfässern, statt in Jutesäcken verpackt). Auf Platz zwei liegt der *Hawaii Kona-Kaffee*.

Eigentlich ist es schade, daß es bei uns keine Kaffeeboutiquen gibt wie an der amerikanischen Westküste, wo sich der Konsumindividualist nach eigenem Gusto jene braune „Medizin" zusammenmixen kann, der auch schon unsere Vorfahren die wunderbarste Wirkung nachsagten.

Wie zum Beispiel ein Medicus Doctor Behr aus Straßburg, der vor 140 Jahren über den Kaffee schrieb, er „stärkt einen liederlichen und beschleimten Magen, mäßigt den Schnupfen, versüßet und säubert das Geblüt, bringet den Weibern ihre verstopfte monatliche Reinigung wieder in Gang, dient auch in allen hartnäckigen und vom blöden Magen herrührenden Hauptschmerzen und benimmt den dicken Leuten ihre überflüssige Leibes-Fettigkeit . . ."

Wunderwirkung und Verteufelung ziehen sich wie ein engverschlungener roter Faden durch die Geschichte des Kaffees. Schon die Entdeckung der braunen Bohne ist eine heiße Geschichte.

Es begab sich zu der Zeit so um das Jahr 600 nach Christus, daß Mohammed, der Erleuchtete, in seinem Geburtsort Mekka krank darniederlag. Seine Anhänger fürchteten schon um das Leben des Meisters, als – o Wunder – eines Abends der Erzengel Gabriel herniederschwebte und den Kranken mit einem Getränk labte, das so schwarz wie der Teufel und so heiß wie die Hölle war.

Und siehe da, die Zeichen der Krankheit fielen wie Ketten ab, und das alte jugendliche Feuer durchströmte Mohammed mit solcher Kraft, daß er 40 Frauen nacheinander die Liebe lehren konnte. In Sachen Sex war man in der Gründerzeit des Islam ja gar nicht so pingelig.

Historiker haben zwar zu allen Zeiten nur milde das Haupt geschüttelt über diese sagenhafte Geschichte – aber schön klingt sie doch. Der tatsächliche Ursprung des Kaffees ist genauso dunkel wie seine Röstfarbe. Als Mutterland vermutet man einen Teil des heutigen Äthiopien, das ehemalige Königreich *Kaffa*.

Tatsache ist, daß der Siegeszug der Kaffeepflanze rund um die Welt parallel zur Ausbreitung des Islam verlief. Die ersten Kaffeehäuser standen eben nicht in Wien – die standen in Mekka und Medina. Vor knapp 500 Jahren.

Europa kam erst auf den Kaffeegeschmack, als 1630 die erste Schiffsladung im Hafen von Venedig gelöscht wurde. Aber dann schossen die Kaffeehäuser aus dem Boden wie Pilze nach dem Sommerregen.

Künstler und Kaufleute scharten sich um die aromatische Tasse, in Kaffeehäusern wurden Geschichte und Geschichtchen gemacht – bis zum heutigen Tag. Ein Siegeszug ohnegleichen? Halt, ganz so leicht hatte es die geheimnisumwitterte Doppelbohne aus der kirschähnlichen Frucht des Kaffeebaumes wiederum nicht. Die Widerstände gegen das „Satansgebräu" reichten anfangs vom Vatikan bis nach Schweden.

König Gustav III. ließ dort selbst sogar persönlich das braune „Gift" testen. Zwei zum Tode verurteilte Zwillingsbrüder mußten täglich je eine Tasse Kaffee bzw. Tee trinken. Argwöhnisch beäugt vom Herrscher und seinem Ärzteteam.

Die Todeskandidaten schluckten ihr tägliches „Gift" und erfreuten sich bis ins hohe Alter bester Gesundheit, während die Herren Professoren nach und nach das Zeitliche segneten und auch der König irgendwann unter Mörderhänden verschied.

In England waren es die Londoner Frauenverbände, die sogar mit einer offiziellen Petition gegen das „potenzschwächende" Getränk zu Felde zogen. Die Männer konterten postwendend gegen das verleumderische Frauenpamphlet und ließen sich ihre Clubs und ihren Kaffee nicht vermiesen. Nur die Wiener hatten von Anfang an ein ungestörtes Verhältnis zur Kaffeebohne, seit die Türken nach ihrer erfolglosen Belagerung ein paar hundert Säcke des *khawa* zurückgelassen hatten.

Andere Länder, andere Kaffeesitten . . .

Schnuppern wir unseren Nachbarn ein wenig in die Tassen. Im Laufe der Jahrhunderte hat jedes Land rund um den Globus seine eigenen Kaffeespezialitäten entwickelt.

Was in *Österreichs* Kaffeehäusern die Getränkekarte ziert, klingt für manche Touristen wie eine Droschkenfahrt. Vom kleinen oder großen *Braunen* ist die Rede oder vom *Einspänner.* Die Liebe der Alpenrepublikaner zum Kaffee hat im Laufe der Zeit lustige Sprachblüten getrieben.

Zum besseren Verständnis seien die wichtigsten hier aufgelistet: Ein kleiner oder großer *Brauner* ist ein Täßchen starker Kaffee mit einem Schuß Milch. Ein *Verlängerter,* na klar, ist mit Wasser gestreckt. Eine *Melange* ist schlicht ein Milchkaffee. Zur *Kaiser-Melange* wird er mit Eigelb und Cognac. Der *Einspänner* kommt als starker Kaffee in einem Stilglas auf den Tisch samt einem Häubchen aus Schlagsahne und Puderzucker. Ein *Kapuziner* schließlich ist ein Kaffee mit gerade so viel Sahne gemischt, daß er die Farbe einer Mönchskutte erhält.

Die *Russen* versäumen keine Gelegenheit, ihr heißgeliebtes „Wässerchen", ihren Wodka, auch mit anderen Zutaten zu mixen. Ganz original und sogar originell ist der

Zaren Kaffee

Man gibt in einen Keramikbecher zwei Löffel braunen Zucker, gießt zwei Zentiliter erwärmten Wodka darüber, flambiert mit einem Streichholz den Alkohol ab und füllt den Becher mit heißem Kaffee auf. Als Krone kommt mit Zimtpulver aufgeschlagene Sahne darauf.

Daß die *Franzosen* ihren Cognac in den Kaffee einbringen, ist ebenso klar. Einen Schuß Cognac (oder Cointreau) in den Kaffee zu geben, ist die simpelste Methode. Ausgefallener ist das Rezept für eine Art Kaffeepunsch, den

➤ Café brulot

Für vier Personen werden vier Schnapsgläschen Cognac mit zwei Nelken, einer Stange Zimt, drei Eßlöffel voll Zucker und etwas abgeriebener Zitronen- und Orangenschale in einem Pfännchen erhitzt und mit einem brennenden Streichholz flambiert. Das Gebräu seiht man in vier Tassen ab, füllt mit heißem starken Kaffee auf und setzt ein Schlagsahnehäubchen darauf.

Etwas exotisch mutet das Rezept der *Engländer* an. Aber die Gewürze aus den ehemaligen Kolonien sind seit eh und je in die englische Küche eingeflossen. Und Kaffee ist ein Geschmackschamäleon, er paart sich sogar harmonisch mit Ingwer zum

➤ Ginger Coffee

In einen Kaffeefilter gibt man für vier Personen vier Eßlöffel voll feingemahlenem Kaffee und einen Teelöffel Ingwerpulver. Dann wird der Kaffee aufgegossen. In jede Tasse kommt ein Teelöffel voll Honig, bevor man den Ingwerkaffee einschenkt und mit Schlagsahne dekoriert.

Die modische Welle des Irish Coffee hat schon vor fast 20 Jahren hiesige Bars und Cafés überrollt. Damit entlockt man Kennern nur noch ein müdes Gähnen. Aber die *Iren* haben noch eine sommerlich-kühle Version ihres einstigen Modeknüllers in petto, den

Irish de Luxe ➤

Für vier Personen werden in einem Mixer je vier Eßlöffel voll Irish Whisky und Mokkalikör mit drei Eßlöffeln voll Zucker und einem Viertelliter Sahne angeschlagen. Darauf gibt man vier Tassen starken kalten Kaffee und mixt noch einmal durch. Den Irish de Luxe serviert man in hohen Gläsern, mit einem Sahnehäubchen dekoriert.

Espresso und Capuccino italienischen Ursprungs sind auch in deutschen Cafés längst zum Standard geworden. Weniger bekannt ist eine Art Eiskaffee der *Italiener* mit Namen

Mazzagran ➤

Man läßt dafür einen Liter Wasser mit einem halben Pfund Zucker aufkochen und friert die Zuckerlösung im Eiswürfelbehälter ein. In ein hohes Glas gibt man je einen süßen Eiswürfel, gießt ein Schnapsgläschen voll Maraschino darüber und füllt mit starkem kalten Kaffee auf.

Ob nach Großmamas Methode per Hand oder durch die modernen Maschinen gefiltert, wichtig beim Kaffee sind Menge und Mahlung. Beethoven pflegte noch für seinen Kaffee penibel 60 Bohnen abzuzählen, wir rechnen heute pro Tasse acht bis zehn Gramm relativ fein gemahlenen Kaffee, der so am besten sein Aroma entfaltet.

Ihre Aromaspitze erreicht die braune Bohne übrigens drei Tage nach ihrer Röstung. Länger als drei Wochen sollte man sie nicht aufbewahren. Im gemahlenen Zustand sogar nur maximal eine Woche. Kalkrückstände ,,verbittern'' jeden guten Kaffee, deshalb die Maschine nach 40 bis 50 Durchläufen unbedingt mit Essig entkalken.

Die Wirkung der einstmals geheimnisumwitterten Bohne hat die moderne Wissenschaft längst entschlüsselt. Die gängigen ,,Arabica''-Mischungen enthalten ca. 1,5 Prozent Koffein (zu dessen Entdeckung einst Goethe den Anstoß gegeben hatte). Das Koffein wirkt über den Darm anregend auf das gesamte zentrale Nervensystem. Wirkungsdauer: etwa vier Stunden.

Herz- und Gefäßkranke können auf die entkoffeinierten, Magenempfindliche auf die reizstoffarmen Schonkaffees zurückgreifen.

Mit einem weitverbreiteten Irrtum gilt es noch aufzuräumen: Kaffee senkt *nicht* den Alkoholspiegel im Blut. Einen Schwips oder mehr mit Strömen von Kaffee zu bekämpfen, ist reinste Augenwischerei!

Daß ,,kalter Kaffee schön'' macht, geisterte ebenfalls unbeweisbar durch den deutschen Sprachgebrauch. Beweisbar hingegen ist, daß kalter Kaffee *Desserts* schöner macht. Deutschlands liebste Bohne ist eben ein aromatischer Multistoff. Köstliche Kuchen und Cremes kriegen mit Kaffee erst die würzige Note.

Zwei Paradebeispiele zum Schluß: Ein Dessert mit südamerikanischem „Touch", leicht vorzubereiten, wenn Gäste kommen, ist die

Mokkacreme Brazil

Zutaten für vier Personen

1/2 l Milch
1/2 Vanilleschote
50 g Kaffeebohnen
4 Eigelb
100 g Zucker
50 g Puderzucker
100 g Halbbitterschokolade
Zum Verzieren: Schlagsahne und süße Mokkabohnen

Zubereitung

Die Milch aufkochen, das ausgekratzte Vanillemark und die Kaffeebohnen hineingeben und 20 Minuten ziehen lassen. Inzwischen 100 Gramm Zucker in einem Topf hellgelb karamelisieren lassen, vom Feuer nehmen und vorsichtig (spritzt!) mit drei Eßlöffel warmer Mokkamilch glattrühren. Die zerbröselte Schokolade einrühren und schmelzen lassen. Langsam die Kaffeemilch in das Schokokaramel abseihen und den Topf zurück auf kleine Flamme geben. Nun die mit Puderzucker verquirlten Eigelb unter ständigem Rühren in die Schokomilch

geben, bis eine dickflüssige Creme entsteht. Vorsichtig, die Milch darf nicht kochen (absolut sicher ist das Aufschlagen im Wasserbad).
Die Creme in Schalen füllen und kalt stellen. Vor dem Servieren mit geschlagener Sahne und Mokkabohnen garnieren.

Mokkatorten à la Großmama sind heute nicht mehr so ganz „in", weil die Buttercreme als schwerverdaulicher Kalorienbomber gilt. Zeitgemäßer ist eine cremig-luftige, schnell zu rührende

➤ Mokkatorte Roma

Zutaten

1 fertiger Biskuitboden, quer in Lagen zerteilt
1 kleine Tasse mit gesüßtem Mokka

Für die Creme

250 g Sahnequark
250 g Mascarpone (ital. Sahnecreme)
1/2 Tasse Mokkalikör

Zubereitung

Die erste Biskuitscheibe in eine passende Glasschüssel mit Rand (oder eine Springform, die man mit Alufolie außen hübsch verkleidet) betten und mit der Hälfte des Mokkas beträufeln. Die ersten fünf Zutaten für die Creme im Mixer aufschlagen. Getrennt davon das Eigelb mit einem Eßlöffel Puderzucker schau-

Saft einer halben Zitrone
4 EL Zucker
4 Eigelb
1 EL Kakao
2 EL Puderzucker

mig rühren und zusammen mit der Creme noch einmal durch den Mixer jagen. Die Creme auf den Biskuitboden streichen, eine zweite Biskuitscheibe darauf legen, mit dem Rest des Mokkas beträufeln und eine weitere Schicht Mokkacreme aufstreichen. Zum Abschluß Kakao und Puderzucker darübersieben. Eventuell noch die Torte mit süßen Mokkabohnen verzieren und für ein paar Stunden in den Kühlschrank stellen.

Kaviar

das Gold der Zaren

Die Menschenschlange am Pariser Boulevard Latour-Maubourg war mindestens 30 Meter lang. In Dreierreihen warteten die Pariser geduldig, einige mit Klappstühlchen bewaffnet, die anderen mit der Morgenzeitung vor der Nase. Ein „Flic" paradierte an der Menge auf und ab und sorgte für Ordnung in den Reihen – wie ein zweibeiniger Hirtenhund.

Es war der 24. Dezember, ein naßkalter, unfreundlicher Heiliger Abend. Die Neugier ließ mir keine Ruhe. „Worauf, um Himmels willen, warten die Leute?" fragte ich den „Flic". Der guckte nur überrascht ob soviel Unkenntnis, deutete auf das Firmenzeichen „Petrossian" und sagte: „Aber Madame, auf Kaviar natürlich! Das ist hier jedes Jahr so."

Christian Petrossian, Sohn armenischer Emigranten und der Welt größter Kaviar-Verkäufer, mit Sitz in Paris und New York, schmunzelt vergnügt, wenn man ihm die Geschichte erzählt. ,,Zu Weihnachten und an Silvester müßten die Störe im Kaspischen Meer eigentlich Überstunden einlegen'', sagt er. ,,So viel Kaviar können wir kaum herbeischaffen, wie da verlangt wird.''

In Hamburg, Berlin, Düsseldorf und München sieht es nicht viel anders aus. Zu den Feiertagen hat das russische Gold Hochkonjunktur. Die kostbare, grauschwarze Kugel rollt und rollt und rollt. Und das zu Preisen, bei denen selbst Herr und Frau Neureich unter der Karibikbräune sichtlich erblassen: 4000 DM und mehr kostete das Kilo besten Belugas im Jahr 1990. Nie war Beluga so wertvoll wie heute . . .

Die Störe werden eben immer seltener im Kaspischen Meer, rechtfertigen die Russen ihren durchaus kapitalistischen Preis-Poker. Vor zehn Jahren noch hätte man über 2000 Tonnen Fischrogen jährlich aus den Bäuchen der Störweibchen gewonnen, heute nur noch die Hälfte der Menge. Man wird's wohl glauben müssen.

Tatsächlich dürften Wasserverschmutzung, Umweltsünden und Überfischen die begehrten Kaviarlieferanten auch im Kaspischen Meer spürbar dezimiert haben.

Ach, waren das Zeiten, als sich die Störe noch zuhauf in der (klaren) Nordsee, sogar im Atlantik tummelten und ihre Weibchen zum Laichen die (sauberen) Flußläufe heraufschwänzelten.

In Hamburg hatte man im vorigen Jahrhundert den Elb-Stör im Kochtopf so satt wie arme Leute ihre Brennsuppe. Verbürgt ist die Geschichte, daß sich anno 1800 die Hausangestellten von ihren Dienstherren per Handschlag versprechen ließen, nicht mehr als zweimal wöchentlich Stör essen zu *müssen*! Und der Störrogen gar wurde an die Hühner verfüttert.

Vorbei sind die störreichen, die herrlichen Zeiten. Nun muß es, frei nach Johannes Mario Simmel, nicht immer Kaviar sein. Selbst manche Gourmets halten den Kult um die grauen Perlen ohnehin für reines Prestigegetue. Unter dem Motto: Das Teuerste ist gerade gut genug.

Was ist wirklich dran an den kulinarischen „Liebesgrüßen aus Moskau", die wie zarte Luftballons zerplatzen, wenn man sie mit der Zunge gegen den Gaumen drückt, und die einen Hauch von Meer und Salz und manchmal auch frischen Nüssen hinterlassen? Vor allem ist es der gewisse Duft von Luxus und Laster, Reichtum und Verschwendung und längst vergangener Zarenherrlichkeit, der die „Liebesperlen" begleitet.

Denn als Aphrodisiakum wurde der Kaviar schon von den alten Römern gepriesen. Kaiser Claudius pflegte seine Gattin Messalina absichtsvoll mit Kaviar zu füttern – und mit einer Pastete aus den Zünglein von Singvögeln. Die erotischen Ausschweifungen der Dame sind ja auch in die römische Klatschgeschichte eingegangen.

Selbst Stalin soll aus dem gleichen Grund kiloweise das heimische „Wolgagold" verdrückt haben. Der Erfolg, so flüsterte man hinter vorgehaltener Hand, war eher mäßiger Natur. Es ist wohl mehr der Glaube, der Berge versetzt . . .

Immerhin: Ein Tête-à-tête bei Kerzenlicht, Kaviar und Champagner war schon für Marilyn Monroe der lustvollste Auftakt zu einer Liebesnacht. Und Ernest Hemingway, in diesem Punkt auch kein Mann von Traurigkeit, holte sich während seiner Zeit in Venedig manchmal eine Kilodose Kaviar bei seinem Freund Cipriani in ,,Harry's Bar'' ab. Es ist kaum anzunehmen, daß er die Büchse allein geleert hat. Hemingways heiße venezianische Affäre mit Adriana Ivancich ist schließlich in die Literatur eingegangen.

Die Quelle aller Geschichten und Geschichtchen rund um den Kaviar ist der letzte noch lebende Vertreter der Urweltriesen, der Stör (lat. Acipenser). Die größten Exemplare, *Beluga* genannt, werden um die 500 Kilo schwer. Ein Beluga-Weibchen trägt etwa 10 Prozent seines Gewichts als Rogen. Und dieser ergibt den edelsten und teuersten Kaviar, silbergrau oder dunkler, mit großem, zartschaligem Korn von drei bis vier Millimetern Durchmesser.

Die zweitgrößten Störexemplare heißen *Osetr.* Sie werden nur um die 200 Kilo schwer. Ihr Rogen ist etwas kleinkörniger, preiswerter (ca. 1500 DM kostete im Jahr 1990 das Kilo) und schimmert in vielen Schattierungen, von honiggelb bis kupferbraun.

Der *Sevruga* ist mit 20 Kilo und 1,5 Metern Länge der kleinste aus der Störfamilie. Sein Rogenkorn ist ebenso zart und fein wie er selbst, hellgrau bis anthrazit in der Farbe und kostet noch einmal ein Drittel weniger als der Osetr. Gerade der Sevruga aber wird von vielen Feinschmeckern besonders geschätzt wegen seines nußähnlichen Geschmacks.

Der rote *Keta* hingegen ist kein echter Kaviar, sondern stammt von der Lachsforelle. Und der „deutsche Kaviar" wird lediglich aus dem Rogen des Seehasen gewonnen. Für mich ist er nur ein hartschaliges, salziges Surrogat des echten Kaviars, das allenfalls als optischer Farbklecks auf hartgekochten Eiern eine gewisse Daseinsberechtigung hat.

Nicht zu verachten hingegen ist der *Preßkaviar*. Er stammt aus echtem Störrogen aller drei Arten und wird aus überreifen, zum Teil schon geplatzten Eiern gepreßt. Er wirkt wie ein Kaviarkonzentrat, ist hervorragend im Geschmack und sicher besser zu Blinis geeignet als der sündteure, zartschalige Beluga. Er macht ein „Liebesmahl auf russisch" auch heute noch durchaus erschwinglich. Ohne Gewähr allerdings für die „sagenhafte" Wirkung!

Russischer oder persischer, welcher Kaviar ist der beste? „Von der Qualität her sind beide gleich", meint Christian Petrossian. „Die Russen beanspruchen zwei Drittel des Kaspischen Meeres, der Iran ein Drittel. Ich habe allerdings bei meinen Besuchen in Astrachan festgestellt, daß die Russen absolut perfekt sind in der Kaviarverarbeitung. Da vergehen wirklich nur 15 Minuten von der Entnahme des Rogen, über das Waschen und Salzen bis zum sauberen Eindosen. Im Iran, na ja, da hat man keinen direkten Einblick in die Verarbeitung."

Dem gläubigen Moslem gilt der Stör und sein Rogen als „unrein". 1979, nach der Machtübernahme Khomenis, wurde sogar die Kaviarausfuhr radikal gestoppt. Aufgebrachte Mullahs jagten die Störfänger samt ihrer Beute zurück aufs Meer. Was dennoch an Kaviar über die Grenzen sickerte, war meistens „Basarware" aus dunklen Kanälen. Inzwischen ist das Ausfuhrverbot aufgehoben, und das persische Gold gibt es wieder unlimitiert hierzulande. Auf dem deutschen Markt haben die Iraner inzwischen sogar die Russen überrundet.

Frischer Kaviar, jener in der Blechdose mit dem breiten Gummiband um die Mitte, gilt dem Feinschmecker als der Gipfel des Genusses. Was sich in Gläsern in den Regalen der Feinkostgeschäfte stapelt (mit blauem Deckel Beluga, mit rotem Deckel Sevruga) ist pasteurisierter Kaviar, haltbar gemacht für ein Jahr. Zum frischen Kaviar verhält er sich ungefähr wie Apfelmus zu einem Korb frisch gepflückter, duftender Äpfel.

M*alossol*, übrigens, ist keine Kaviarsorte, sondern bedeutet lediglich „weniger gesalzen" (malo = wenig, sol = Salz). Malossol-Kaviar enthält nur etwa drei Prozent Salz. Aber welche Spitzenqualität! Aus den Salzseen von Astrachan gewonnen und sieben Jahre gelagert, bis auch das letzte Quentchen Chlor ausgedünstet ist.

Die Farbe des Kaviars ist, entgegen landläufiger Meinung, kein Qualitätsmerkmal. Der silbergraue ist nicht besser als der dunkle. Selbst der weiße „Schah-Kaviar", der von Albino-Stören stammt, ist nur deshalb von Snobs so begehrt, weil er rar ist – nicht weil er besser schmeckt.

Voll Vergnügen erzählt man sich im Gangster-Chicago der dreißiger Jahre die Geschichte des Ernie Byfield, seines Zeichens Hoteldirektor des renommierten „Ambassador". Byfield hatte zusammen mit seinem cleveren Küchenchef einen harmlosen, gelbglänzenden Puder entwickelt, mit dem er ganz gewöhnlichen dunklen Kaviar „vergoldete".

Auf einer Spezialkarte wurde der „goldene Kaviar" unter dem Doppeladler der Romanoffs mit dem werbewirksamen Vermerk angeboten: „ausschließlich für den Kreml reserviert". Das goldgierige Chicagoer Publikum riß sich buchstäblich um die gefärbten Eier – und machte Ernie Byfield zum wohlhabenden Mann.

Die Menschheit will betrogen sein . . .

Wenn man sich zu einem Luxustag Kaviar leisten will (der frische hält sich bis zu zwei Wochen im Kühlschrank, muß aber sofort verzehrt werden, wenn die Dose geöffnet ist), dann serviere man ihn bitte pur, auf gestoßenes Eis gesetzt, ohne den „Unsinn", wie Christian Petrossian die geschmackstötenden Beilagen in Form von gehackten Zwiebeln, Eiern, auch Zitrone nennt.

Pur, aber reichlich, nur von ungebutterten Toastscheiben begleitet, so schätzt der Kenner den edlen Beluga.

Für „Kaviar mit Begleitung" reicht der preiswertere Sevruga oder der Preßkaviar vollkommen aus. Die klassische russische „Begleitung" für *ikra* (so heißt der Kaviar) sind natürlich

Blinis

Zutaten für vier Personen	Zubereitung
250 g Weizenmehl	*Die Hefe in der warmen Milch auflösen und mit Salz, Zucker, Öl sowie einem Eigelb in die vorher angewärmten Mehlsorten verkneten.*
250 g frisches (!) Buchweizenmehl (Reformhaus)	
2 Eier	
40 g frische Hefe	

2 Tassen warme Milch	*Den Teig an einem warmen, zugfreien Platz 60 Minuten gehen lassen und anschließend zwei steifgeschlagene Eiweiß unterziehen. In heißer Butter kleine, goldgelbe Blinis ausbacken. Auf die Blinis je ein Löffelchen Kaviar verstreichen und evtl. noch mit saurer Sahne (besser: 2/3 Crème fraîche mit 1/3 Joghurt verrührt) krönen.*
1/2 TL Salz	
1 EL Zucker	
Öl zum Backen	

Eine kalte Variante des heißen Themas Kaviar hat sich der „Koch des Jahres 1989", Alfons Schuhbeck vom „Kurhaus Stüberl" in Waging, einfallen lassen:

Lachscarpacchio mit Kaviar auf Wodkasauce

Es vereint die beiden Luxusprodukte Lachs und Kaviar zu einem edlen „Tellergericht".

Zutaten für vier Personen	**Zubereitung**
300 g rohes Lachsfilet	*Das Lachsfilet in dünne Scheiben schneiden. Die Zutaten für die Marinade verrühren und mittels eines Pinsels auf die Lachsscheiben streichen. 15 Minuten marinieren. Inzwischen für die Sauce die*
Für die Marinade	
2 EL Olivenöl	
ein paar Spritzer Balsamico-Essig	
Salz, Pfeffer aus der Mühle	

Für die Sauce	*Sahne mit einer Gabel etwas anschlagen, mit den Gewürzen und Wodka abschmekken. Die Sauce wird als „Spiegel" auf den Tellern verteilt, darauf die Lachsscheiben angerichtet und mit dem Kaviar garniert.*
125 g Crème double (oder Sahne)	
1 EL Wodka	
1 TL feingehackten Schnittlauch	
Salz, weißer Pfeffer	
80 g Kaviar	

Ganz besonders „snobby" findet es Alfons Schuhbeck, wenn man gewöhnlichen Kochfisch (Schellfisch, Kabeljau etc.) mit einer Kaviarsauce „aufmotzt":

Kaviar-Champagnersauce ➤

Zutaten für vier Personen	**Zubereitung**
30 g Butter	*Die Schalotten in 10 g Butter kurz anschwitzen, mit Champagner ablöschen und um die Hälfte einkochen lassen. Die Sahne hinzugeben und alles fünf Minuten köcheln lassen. Nun die Sauce durch ein Sieb streichen, mit den Gewürzen abschmecken und die restliche kalte Butter untermixen. Der Kaviar darf erst kurz vor dem Servieren untergerührt werden.*
1EL feingehackte Schalotten	
1 dl Champagner (oder trockenen Sekt)	
2 dl Sahne	
Salz, Pfeffer, 1 Prise Zucker	
30 g Kaviar	

Schampus,

Wodka, Festgetränke

Zum edlen ,,Korn" ein edler ,,Stoff" heißt die Devise. Alle Kaviar-Gerichte schwimmen natürlich gern in Champagner.

Zu ,,Kaviar pur" hingegen machen wir es den Russen nach . . . Wodka, das Lieblingsgesöff an Wolga und Weichsel, heißt wörtlich übersetzt ,,Wässerchen". Vielleicht deshalb, weil er sich so harmlos gibt. Ein guter Wodka ist nämlich absolut geschmacksneutral und hinterläßt – weder für die Polizei noch für den Bettpartner – eine riechende Fahne. Was nicht darüber hinwegtäuschen sollte, daß sich das 40prozentige Wässerchen wie ein störrischer Maulesel verhält. Kommt man ihm allzu nahe, kriegt man einen kräftigen Tritt versetzt!

Westliche Deutungen, daß die Russen ihr Volksgetränk ,,Wässerchen" tauften, weil sie es aus Wassergläsern trinken, und zwar ex und hopp an die Wand mit dem Glas, sind nicht ganz zutreffend. Zwar trinken die Russen ihren Wodka tatsächlich aus Wassergläsern. Aber das mit dem ,,hopp an die Wand'' war mehr eine Unsitte blutjunger Husaren, die die Wirkung des Wässerchens nicht ganz einzuschätzen wußten. Als feine russische Art galt das weder vor noch nach der Revolution.

Den Wodka-Boom in Deutschland verdanken wir dem Familienbetrieb Savelsberg in Jülich. Ursprünglich handelte die Firma nur mit Saatgetreide. Und zwar so erfolgreich, daß die Russen 1965 mit Savelsberg auch den Allein-Exportvertrag für Wodka nach Deutschland unterzeichneten (die Wodkaproduktion ist ,,drüben'' Staatsmonopol).

Was also aus Rußland kommt an ,,Moskovskaya'' und ,,Sibirskaya'' usw. – und das sind inzwischen mehr als vier Millionen Flaschen jährlich – läuft über die Savelsberg-Firma ,,Simex''.

Aber auch die Polen, die mit den Russen in ewigem Streit um die Erfindung des ,,Wässerchens'' liegen, machen mit ihrem ,,Zytnia'' aus Roggen sowie dem besonders weichen ,,Wyborava'' sehr gute Wodkas. Nicht zu vergessen den Marktrenner der westlichen Welt, den amerikanischen ,,Smirnoff'' oder auch die deutschen Marken.

Weizen, Roggen und Kartoffeln, die so ziemlich ebenbürtigen Grundstoffe des Wodkas, wachsen schließlich überall. Wichtig beim Wodka ist allein die Destillation. Das Destillat muß mehrfach über Buch- oder Birkenkohle absolut ,,rein'' gefiltert werden, um den neutralen Geschmack zu erhalten. Die Russen machen das übrigens in dieser Form nur für den Export.

Im Lande selbst sind diese „westlichen Wodkas" gar nicht zu kaufen. Neben dem staatlichen wird in der Sowjetunion heute durchaus noch heimlich und verbotenerweise Wodka hausgebrannt. Und der ist oft ungereinigt und ziemlich hochprozentig. Nicht umsonst pflegten sich die Teilnehmer an altrussischen Orgien vor dem Gelage mit einem Glas Sonnenblumenöl Kehle und Magen zu „salben", um die Wodkaströme unverbrannt zu überstehen.

Endgültig vorbei sind allerdings die sagenhaften Wodka-Orgien vor der russischen Revolution. Damals konnte sich ein Rubel-Millionär folgendes Spielchen leisten: Eine Badewanne wurde mit Wodka gefüllt und die Geliebte oder eine käufliche „Dame", hineingetaucht. Ihren nackten Körper beklebten die johlenden Gäste anschließend so dicht mit Hundertrubelscheinen, bis kein Fleckchen Haut mehr zu sehen war. Die „Dame" übrigens, durfte die Scheine behalten. Klar, daß füllig-barocke Formen dabei einen besseren „Schnitt" machten.

Zurück in die nüchterne Gegenwart. Für den westlichen Geschmack gibt es inzwischen auch die aromatisierten Wodkasorten. Der „Zubrovka" – egal ob russisch oder polnisch – wird über Büffelgras gezogen, der „Pertsovka" hat einen leichten Paprika-Geschmack. Kenner aber lieben den Wodka in der gleichen Form wie den Kaviar: gut gekühlt und pur, ohne geschmacksverändernde Beigaben. Na sdorowje!

Matjes

oder die Herings-Jungfrau von Glückstadt

Es hängt von der Wärme und der Munterkeit des Golfstromes ab, *wann* sie kommen. Aber *wenn* sie kommen, dann breitet sich in einem kleinen Fischereistädtchen an der Elbe mit dem bezeichnenden Namen Glückstadt das große Schlemmerglück aus.

Und nicht nur dort! Überall in deutschen Landen warten Feinschmecker im Frühjahr sehnsüchtig auf die ersten, frischen silbrig schimmernden und noch jungfräulichen Herings-Teenager, genannt Matjes. Irgendwann im Mai ist es soweit. Von Cuxhaven aus tuckert der erste ,,Matjeslogger'' elbaufwärts Richtung Glückstadt. Von Sirenengeheul und fröhlichem Winken begleitet. Ganz Glückstadt ist auf den Beinen, Bürger und Honoratioren sind piekfein gewandet, und irgendwie scheint ein Hauch nostalgischer Thomas-Mann-Atmosphäre in der Luft zu liegen. Die Riesentribüne auf dem Marktplatz ist zum Bersten voll, wenn der Ministerpräsident oder sonst ein „hohes Tier" das Faß Nr. 1 anschlägt und den ersten Matjesbiß tut.

Faß auf zum großen Matjes-Festival!

Und Mund auf für den ersten aphrodisischen Biß in die zarten Fischmädchen, die über die holländischen „Meisjes" zu ihrem Namen kamen.

Mit Matjes verhält es sich ähnlich wie mit Austern. Man mag sie oder man mag sie nicht. Aber wenn man sie mag, dann kann man geradezu süchtig werden. Wie jener Industriekapitän, der sich kürzlich auf seine Yacht in der Karibik die ersten 15 Portionen Matjes aus Glückstadt einfliegen ließ. Inklusive Speckstibbe und Schneidebohnen und alles fein säuberlich auf Eis verpackt. Allein die Frachtkosten für die Heringsmädchen und ihre Beilagen bezifferten sich auf 11 000 DM!

Für einen Sportwagenkapitän aus Süddeutschland wurde die Sache sogar noch teurer. Er lud seinen 100 000 DM teuren „Renner" mit einem Matjesfäßchen voll und brauste los. Unterwegs kippte das Fäßchen um, die Matjes samt Lake ergossen sich über die Polster – das Luxusmobil war reif für den Autofriedhof. „Den Geruch kriegen Sie nie wieder raus", kommentierte Holger Urmersbach, Matjes-König von Glückstadt und der nahen Hansestadt Hamburg, das Malheur. Holger Urmersbach beschäftigte sich über ein Viertel Jahrhundert mit den echten Glückstädter Loggermatjes. Sowohl wissenschaftlich als auch gastronomisch.

In seinem Glückstädter „Ratskeller", einst von Dänenkönig und Stadtbegründer Christian IV. erbaut, und in der Hamburger Dependance „Zum alten Rathaus" kann man sich durch ein Matjes-Schlaraffenland von 30 verschiedenen Versionen essen. Auf Anfrage werden die leckeren Fischmädchen auch an Privatkunden in „matjeslose" wie zum Beispiel die süddeutschen Lande verschickt (Tel. 0 40 / 36 75 70).

Was nun macht den Glückstädter Loggermatjes unter Kennern so begehrt? Sie sind die einzigen, die noch nach alter Tradition einem „enzymischen Reifeprozeß" unterworfen werden. Man muß sich das so vorstellen: Etwa ab ihrem vierten Lebensjahr ziehen die Heringsjungfrauen zur Paarung nach Norden in die wärmeren Golfstromgebiete. Noch vor dem Geschlechtsvergnügen werden die silbrigen Jungfrauen abgefischt und auf den Fischerbooten, den „Matjesloggern", „gekehlt", d. h. ein Teil der Innereien entfernt.

In Holztonnen, genannt „Kantjes", werden die Matjes dann schichtweise mit braunem Bio-Salz aus Portugal vermählt. Und diese Vermählung löst den „enzymischen Reifeprozeß" aus. Nach 14 Tagen werden die Matjes butterweich, zart und „gar". Und so halten sie sich – entgegen der landläufigen Meinung – bis zum Wintereinbruch. Die Matjes-Saison endet also keineswegs im Juni!

Die enzymisch gereiften Glückstädter Matjes erkennt man an der hellen Farbe entlang der Gräte. Aber von ihnen gibt's pro Jahr nur noch 70 000 Fässer voll. Das Gros der Heringe „nach Matjes Art" kommt aus anderen Nordsee-Anrainern: aus Holland, Belgien, Dänemark, auch Schweden und England.

In einigen Ländern werden die Herings-Meisjes sofort nach dem Fang für 24 Stunden tiefgefrostet. Danach können sie nicht mehr enzymisch, sondern nur noch chemisch gereift werden. Zu erkennen sind sie an der (durch das gestockte Blut) rötlichen Färbung entlang der Gräte.

Schon seit dem siebten Jahrhundert wird der Hering in Europa gefischt. Als „Delikatesse des armen Mannes" zieht sich der

„Clupea harengus" durch die Jahrhunderte deutscher Küchengeschichte und Rezepte. Stets begleitet von jenem aphrodisischen Duft, der auch Austern und Kaviar begleitet. So schrieb der Naturforscher Georg Wilhelm Stadler schon vor mehr als 200 Jahren über das Volk der Itelmen in Sibirien, das sich nur von Heringen und Wurzeln ernährte: „Sie sind sicher wegen ihrer Nahrung das geilste Volk der Erde."

Die jungen, fetten Matjes sind zwar ein „Eiweißbomber" und reich an Vitamin A und D, aber Potenzzünder suche man wohl eher in psychischen Bereichen. Ihre Liebhaber fanden die Herings-Meisjes schon immer in allen sozialen Schichten. Überliefert ist der Befehl seiner Majestät, König Friedrichs II. von Preußen, an seinen Küchenchef Noel: „Lasse er die Dragoner reiten und grüne Heringe holen. Ich will sie täglich auf der Tafel sehen."

Der prominenteste Preuße in der Heringsgeschichte dürfte wohl Bismarck gewesen sein. Der „Eiserne Kanzler" war stolz darauf, dem (in Essig eingelegten) Bismarckhering seinen Namen leihen zu dürfen. „Wäre der Hering so selten wie Kaviar", pflegte er zu sagen, „würde man ihn als feinsten Leckerbissen gelten lassen."

Die besten Matjes stammen aus der Fangzeit im Wonnemonat Mai. Zu erkennen sind sie an ihrer Größe: Sie dürfen von Kopf bis zur Schwanzflosse nur 18 bis 20 Zentimeter messen. Alles, was darüber ist, sind garantiert schon Vollheringe, also Heringsmann bzw. -frau.

Lassen Sie sich den Matjes bei Ihrem Fischhändler filetieren.

Unsinnig ist das „Wässern" von Heringen. Holger Urmersbach: „Wasser ist tödlich für den Matjes. Es entzieht ihm alle Vitamine und Salze. Legen Sie den Matjes fettreich ein. Das heißt, nehmen Sie Sahne oder Buttermilch oder eine Mischung aus beidem. Auch ein roter Burgunder, wenn er später zur Sauce paßt, eignet sich. Die Einlegezeit sollte knapp drei Stunden betragen."

Fünf Spezialrezepte hat Holger Urmersbach den Herings-Meisjes auf den silbrigen Leib geschrieben:

➤ Matjes-Filet nach Friesen Art

Zutaten für vier Personen	Zubereitung
8 Matjesfilets *1 Bund Schnittlauch* *4 bis 6 Frühlingszwiebeln* *8 dünne Scheiben durchwachsener Speck* *0,2 l Sahne* *0,2 l Buttermilch*	*Die Matjesfilets drei Stunden in Milch und Sahne einlegen. Je zwei Filets werden dann auf einen Teller gegeben und mit fein geschnittenen Lauchröllchen bestreut. Die Zwiebeln auf dem Gurkenhobel in feine Ringe raspeln und über die Filets geben. Zum Schluß die Speckscheiben in einer Pfanne kroß braten und über die Heringe legen. Dazu schmecken frische Pellkartoffeln und junge grüne Schnittbohnen, in Butter geschwenkt.*

Etwas süßer und sahnemilder ist das

Hamburger Ratsherren-Gedeck

Zutaten für vier Personen	Zubereitung
8 Matjesfilets	*Die Filets einige Stunden in je 0,2 l Sahne und Buttermilch einlegen. Kurz vor dem Essen die Äpfel schälen, das Gehäuse ausstechen und aus dem Mittelteil acht große Ringe schneiden. In einer großen Pfanne Butter, Zitronensaft und Calvados erwärmen und die Apfelringe darin vier Minuten weich dünsten. Je zwei Apfelringe auf einen Teller geben und mit je einem rund gerollten Filet umlegen. Die Sahne steif schlagen, mit Meerrettich würzen und in die Heringsrollen füllen. Mit je einem halben Teelöffel Preiselbeerkompott garnieren. Dazu schmecken am besten frische Pellkartoffeln.*
2 Boskop-Äpfel	
0,3 l süße Sahne	
1 EL frisch geriebener Meerrettich	
4 TL Preiselbeerkompott	
1 EL Calvados	
1 EL Zitronensaft	
1 EL Butter	
0,2 l Sahne	
0,2 l Buttermilch	

Ein schnelles und sättigendes Abendbrot ist die

➤ Glückstädter Bauernschnitte

Zutaten für vier Personen	Zubereitung
4 große Scheiben dunkles Bauernbrot *50 g Butter* *8 Matjesfilets* *8 Eier* *1 Schälchen Kresse* *2 süße Gemüsezwiebeln* *150 g Nordseekrabbenfleisch* *0,2 l Sahne* *0,2 l Buttermilch*	*Die Heringe einige Stunden in Sahne und Buttermilch einlegen. Die gebutterten Bauernschnitten auf vier Teller verteilen. Die Eier mit einer Prise Salz, Pfeffer und einem Schuß Mineralwasser verquirlen und in einer beschichteten Pfanne bei mittlerer Hitze stocken lassen.* *Das Rührei auf den Brotschnitten anrichten, je zwei Heringsfilets darüberlegen, die geraffelten Zwiebelringe mit dem Krabbenfleisch kurz vermengen und auf den Schnitten verteilen. Zum Schluß mit den zerzupften Kresseblättchen garnieren.*

Exotischer und ein bißchen aufwendiger ist eine Nord-Süd-Variante für die Matjes-Mädchen. Ein Rezept, das sich prima als Vorspeise zu einem großen Spargelessen eignet:

Beschwipste Matjes mit Erdnußsauce

Zutaten für vier Personen

8 Matjesfilets

Für die Marinade

4 cl Aquavit (oder Korn)
8 cl Wasser
1 EL Zitronensaft
1 EL Balsamico-Essig
einige Spritzer Tabasco
1 TL kleingeschnittene Ingwerwurzel

Für die Sauce

4 EL Erdnußcreme (aus dem Glas)
1 Boskop-Apfel
1 süße Gemüsezwiebel
2 EL gehackte Erdnüsse (ungesalzen)
20 g Butter
0,1 l Buttermilch

Zubereitung

Die Zutaten für die Marinade zusammenrühren und die Matjesfilets drei Stunden darin einlegen. Je zwei abgetropfte Matjesfilets auf einen Teller geben. Die Marinade auffangen.

Für die Sauce die Zwiebel grob hacken, in Butter weich dünsten, den in sehr kleine Würfel geschnittenen Apfel hinzugeben und mit vier Eßlöffeln der Marinade ablöschen. Die Erdnußcreme dazu geben und mit der Buttermilch (evtl. noch etwas Wasser) zu einer sämigen Sauce rühren. Kräftig mit Pfeffer abschmecken. Die Sauce über die Heringe gießen und mit den gehackten Erdnüssen bestreuen.

Und wer einmal ganz groß auftrumpfen will, der greife nach dem simplen, leider aber ziemlich kostspieligen Hausrezept der Romanoffs: Man versetze saure Sahne kräftig mit Beluga-Kaviar (ersatzweise darf's auch der rote ,,Keta'' sein), gebe einen Spritzer Zitrone und reichlich Pfeffer dazu – und umhülle die Matjes-Mädchen mit dieser Luxussauce. Nobler geht's nicht!

Das Heringsbrevier

Norwegischer Hering	= Frühjahrshering
Schottischer Hering	= durch unterschiedliche Laichzeit ein Herbsthering
Matjes	= junger, weiblicher Hering vor der Geschlechtsreife
Vollhering	= geschleichtsreifer Hering mit Milch oder Rogen
Ihlen	= abgelaichte Heringe, werden meistens von der Konservenindustrie verarbeitet
Sprotten	= kleiner, nur 15 cm langer Hering aus nördlichen Küstengewässern
Sardine	= ca. 25 cm langer Hering, der in gemäßigten bis subtropischen Gewässern vorkommt

Grüner Hering	= ungesalzener, frischer Hering
Bückling	= geräucherter Hering
Bismarckhering	= in Essig eingelegter Hering

Kümmel

und Aquavit

das Lebenswasser des Nordens

Fisch muß schwimmen – sagt der Volksmund. Und Heringe machen da keine Ausnahme. Mit *Aqua vitae* – mit Lebenswasser – spült man besonders gut und verdauungsförderlich die zarten, noch mit ihrem Babyfett behafteten Matjes herunter. Beide, Fischer und „Lebenswasser", sind an den gleichen Küsten zu Hause. Ein Dänenkönig hat Glückstadt gegründet, und ein Däne – preußischer Herkunft – hat den Aquavit „erfunden". Oder besser gesagt: Er hat aus dem billigen, fuselöligen Kümmelschnaps der Landser das edle, klare Lebenswasser des Nordens entwickelt. Indem er um die Mitte des letzten Jahrhunderts im dänischen Aalborg ein Kolonnen-Destilliergerät baute, das die schädlichen Fuselöle aus dem Schnaps herausfilterte und ihn somit zum edlen Klaren gesunden ließ. Isidor Henius hieß der Mann – ein Prosit seinem Andenken.

Aquavit wird aus feinem Branntwein hergestellt, der mehrfach über Kohlefilter gereinigt und somit klar und geschmacksneutral wird. Sein Aroma, das Geschmackstüpfelchen auf dem i, erhält er vor allem durch Kümmel, aber auch durch Koriander, Fenchelsamen, Nelken und Anis. Jeder Hersteller braut da sein eigenes Rezept in der geheimen Gewürzküche.

Rein wie die Jungfrau, stark wie ihr Freier, feurig wie die Liebe und kalt wie ein Gebirgsquell – so besang literarisch der dänische Dichter Hans Hartvig Seedorff das hochprozentige Nationalgetränk der Dänen und Deutschen zwischen Bommerlund und Buxtehude. Sich einen „anzukümmeln" war allerdings schon seit Jahrhunderten selbst in feinsten Herrscherhäusern Tradition. Dänenkönig Friedrich II. zum Beispiel hing schon vor 400 Jahren gar unköniglich, aber inniglich an der Flasche mit Lebenswasser. Sehr zum Leidwesen seiner tugendsam-frommen Schwester Anna übrigens, die aus dem fernen Dresden, wo sie als Gattin des Kurfürsten August regierte, weidlich gegen die brüderliche „Kümmelei" wetterte.

Was die tugendsame Anna allerdings nicht daran hinderte, bei ihrem Tode den sächsischen Untertanen 180 eigene Aquavit-Rezepte zu hinterlassen. Den Bürgern von Bommerlund (nordöstlich von Flensburg) brachte ein dänischer Reitersmann das *Aqua vitae* direkt ins Haus. Oder besser gesagt: in die Kneipe.

Als der Reitersmann nämlich im Bommerlunder Gasthaus „Kro" die Zeche nicht zahlen konnte, übereignete er als Zechpfand dem Wirt Peter Schwennesen das Rezept eines mitgebrachten Aquavit. Die Herstellungsrechte für diesen „Flaschengeist" wurden dem gewitzten Wirt kurz darauf von

Dänenkönig Friedrich V. höchstpersönlich verliehen. So kamen die Bürger von Bommerlund ganz rechtmäßig in den Genuß der königlich-dänischen „Kümmelei".

An das Erfolgswasser haben sich inzwischen auch die Norweger angehängt. Sie schicken sogar ihren Aquavit werbewirksam in alten Sherry-Fässern auf die Schiffsreise von Trondheim nach Australien. Einmal rund um den Äquator gerollt, saugt sich der Aquavit während seiner dreimonatigen Schaukelpartie einen sanften, hellgelben Holzton aus den alten Fässern.

Ob klar oder honigfarben, wie schmeckt nun der Aquavit am besten?

Münchens Nobel-Barman Charles Schumann: „Unverfälscht und pur ist der Aquavit am besten. Sein Kümmelton verträgt sich einfach nicht mit anderen Gewürznoten. Servieren Sie das ‚Lebenswasser' eisgekühlt in einem Südweinglas. Mit einem herben Pils an der Seite."

Nüsse

zum Backen, Knabbern und Knacken

Äpfel, Nuß und Mandelkern . . .

Dieser Dreiklang weckt Kindheitserinnerungen an Nikolausabende, duftende Adventsgestecke und leckere Plätzchenberge.

Vor allem Nüsse sind im christlichen Abendland untrennbar mit dem Weihnachtsbrauchtum verbunden. Schon seit der Tertiärzeit auf unserem Globus bekannt, begleiten die knackigen Kerne die Menschheit von ihren ersten historischen Fußspuren an. Genüßliche Geschichten gibt es zuhauf. Von Aristoteles bis heute. In den zahlreichen Fabeln, die sich um den griechischen Philosophen ranken, taucht zum Beispiel auch der erste mechanische Vorläufer unseres heutigen Nußknackers auf. Ob als Miniatur-Krippe am Christbaum schaukelnd, als Studentenfutter im Tourenrucksack, als süße Schleckerei auf den Weihnachtsmärkten und in den Backstuben, Nüsse rollen durch alle Lebensbereiche.

Warum sie sich bei uns hauptsächlich im süßen Naschwerk niederschlagen, ist allerdings nicht so ganz einzusehen. Asiaten und Amerikaner lieben ihre Pecan- und Para- und Peanuts auch in herzhaften Gerichten.

In der *Cucina italiana* sind die Samen der schattigen Schirmpinien besonders geschätzt. Bei uns führen Pinienkerne eher ein Schattendasein. Was schade ist. Denn eine köstliche Nuß-Sauce, die zu Nudeln und Kartoffel-Gnocchi paßt, ist ohne Pinienkerne nicht denkbar.

➤ Nußsauce mit Ricotta

Zutaten für sechs Personen
100 g Pinienkerne
100 g Walnußkerne
100 g Ricotta (ital. Frischkäse)
1 Bund Petersilie
1/2 Knoblauchzehe
1/2 Tasse Olivenöl
Salz, Pfeffer aus der Mühle

Zubereitung

Backofen auf 180° vorheizen und die Pinienkerne drei Minuten auf einem Backblech rösten. Die Walnüsse zwei Minuten in kochendes Wasser legen, damit sich das Häutchen abziehen läßt. Die Nüsse erst im Mixer grob zerkleinern und dann zusammen mit den Kräutern und Gewürzen im Mörser zu einer cremigen Konsistenz zerstoßen.

Den Ricotta mit etwas Wasser glattrühren und zusammen mit dem Öl in den Nußbrei rühren.

Die Walnuß wurde von den alten Römern als Fruchtbarkeitssymbol angesehen. Bei Hochzeiten pflegte man Walnüsse unter die Gäste zu streuen, damit Jupiter der jungen Braut eine reiche Nachkommenschaft verleihe. Ob es genützt hat? Ausgestorben sind die Römer jedenfalls nicht.

Sie waren es auch, die uns Germanen diesseits der Alpen die ersten Walnüsse mitbrachten. Und aus den deutschen Weinbauregionen sind die 25 Meter hohen schattigen Walnußbäume mit ihren duftenden Blättern nicht mehr wegzudenken.

Fast zur gleichen Zeit wie die Trauben ist auch die „welsche Nuß" reif. Frische Walnüsse mit ihrem weißen Fleisch und Häutchen sind in den letzten Jahren bei den Nouvelle-Cuisine-Köchen zu Stars der herbstlichen Salatkomposition avanciert.

Millionenfach vergoldet schmücken sie später im Jahr die Tannengestecke und Christbäume, kullern in Nikolausstiefeln und auf Weihnachtstellern, stecken in Marzipankugeln und Nußplätzchen.

Ein berühmter Nußsalat verdankt zumindest seinen Namen dem kleinen Örtchen Walldorf bei Heidelberg und das kam so:

Als Johann Jakob Astor vor 200 Jahren aus dem heimatlichen Walldorf nach Amerika auswanderte, ahnte niemand in der

Neuen oder Alten Welt, daß der mittellose Schwabe im Land der unbegrenzten Möglichkeiten zu immensem Reichtum kommen würde. Ob Astors Geschäfte zum Teil recht dubioser Natur waren, sei dahingestellt. Jedenfalls erwarb er zu Anfang des 19. Jahrhunderts in New York einen riesigen Hotelkomplex, den er nach seinem Geburtsort und Namen „Waldorf Astoria" nannte.

Über ein Jahrhundert sollte noch vergehen, bis in den „Roaring Twenties" der Neuzeit im Restaurant des Hotels ein Salat „erfunden" wurde, der als Klassiker noch heute in allen Feinkostgeschäften zu finden ist – wenn auch leider oftmals ertränkt in einem Meer pappiger Mayonnaise

Hier ist die „schlanke" Fassung, nur mit einer Vinaigrette vermählt:

➤ Waldorf Salat mit Walnußdressing

Zutaten für vier bis sechs Personen
2 Knollen Sellerie
3 Äpfel (Granny Smith)
1/2 frische Ananas
1 grüne Paprikaschote
1 kleines Glas Herzkirschen ohne Stein
60 g Walnußkerne
1 Zitrone

Zubereitung

Die Sellerieknollen schälen, in Scheiben schneiden und drei Minuten in kochendem Wasser mit ein paar Spritzern Zitrone blanchieren.

Die Selleriescheiben in feine Streifen (Julienne) schneiden, ebenso die geschälten und entkernten Äpfel sowie die innen sauber ausgeräumte Paprikaschote.

Für das Dressing
6 EL Walnußöl
3 EL Himbeeressig
1 Eigelb
1 Prise Zucker
Salz, Pfeffer aus der Mühle

Die Ananas in sehr feine Stücke schneiden, nachdem man die holzige Fruchtmitte entfernt hat. Die Nüsse ganz grob hacken, die Kirschen gut abtropfen lassen.
Alle Zutaten vorsichtig vermengen und mit ein paar Spritzern Zitrone beträufeln, damit die Äpfel nicht braun werden.
Nun die Vinaigrette zu einer cremigen Konsistenz rühren und erst kurz vor dem Anrichten über den Salat geben.

Von allen Nüssen, die der Bundesdeutsche jährlich konsumiert, hat die Erdnuß mit 1,2 Kilo pro Kopf die Nase vorn. Liegt's an der Untugend des „Tele-Knabberns" oder an der fast automatischen „Greifzange", die man macht, wenn die glänzenden Kernchen verlockend auf dem Tisch herumstehen? Im Prinzip ist gegen die goldgelben Knackigen auch gar nichts einzuwenden. Sie enthalten wichtige Vitamine (A, B_1 und E) und Mineralstoffe (Kalium, Kalzium, Magnesium). Wenn eben nicht – wie bei allen Nüssen – der hohe Kaloriengehalt zu Buche schlüge. Mit 560 kcal. pro 100 Gramm!

Nun muß man die Kalorienbömbchen ja nicht gleich kiloweise konsumieren. Die Amerikaner verwerten ihre „Peanuts" auch in der Küche zu Pies, Salaten und Saucen.

Aus Amerika kommt auch das Rezept der

➤ Lammkoteletts mit gehackten Erdnüssen

Zutaten für vier Personen
4 Lammkoteletts à 180 g
100 g frische Erdnüsse in der Schale
Saft einer Zitrone
3 Knoblauchzehen
3 EL Erdnußöl
250 g Zucchini
0,2 l Crème double oder Crème fraîche
1 Bund Zitronenmelisse
Salz, Pfeffer aus der Mühle

Zubereitung

Die Knoblauchzehen hacken, mit Zitrone und der Hälfte des Erdnußöls mischen und damit die Koteletts einstreichen. Zugedeckt zwei Stunden marinieren lassen.

Inzwischen die Erdnüsse aus den Schoten brechen, die Kerne zehn Minuten auf einem Backblech im Ofen bei 200° anrösten und dann mit einem Zwiebelhacker oder in der Getreidemühle grob zerkleinern. Die Zucchini in feine Stifte wie Streichhölzer schneiden.

Nun von den Lammkoteletts den Knoblauch abstreichen (wenn man ihn mag, unter die Zucchinistifte geben) und das Fleisch in einer großen Pfanne mit dem restlichen Öl von beiden Seiten je drei Minuten braten. Salzen, pfeffern und das Fleisch auf einem Teller mit Folie bedeckt warm stellen.

In dem Bratfett nun die Erdnüsse eine Minute anrösten, ebenfalls eine Minute die Zucchinistifte, dann die Sahne angießen und alles einmal kräftig aufkochen lassen. Salzen, pfeffern.
Die Koteletts mit der Sauce überziehen und mit den Melisseblättchen garnieren.

Haselnußsträucher gedeihen fast überall in Europa – ,,pflegeleicht'' und problemlos abzuernten. Viel Aufhebens wird um die braunen Nüsse, die das ganze Jahr über verfügbar sind, eigentlich nicht gemacht. Außer einem kleinen Städtchen im südlichen Piemont zwischen Genua und San Remo.

Bei den knapp 3000 Einwohnern von Cortemiglia dreht sich alles um die *Nocciola gentile*, die freundliche Haselnuß. Zehntausend Tonnen von den ,,mundfreundlichen'' Braunen werden hier pro Jahr geerntet und in alle Welt exportiert. Und wer gegen Ende August zufällig in der bizarren Hügellandschaft des Piemont vom oder in den Urlaub herumkurvt, sollte einen Abstecher zur *Sagra della Nocciola* machen, zur farbenprächtigen Nußmesse.

Tagelang feiern die Einwohner von Cortemiglia in historischen Kostümen das Erntedankfest ihrer Nüsse. Und aus allen Backstuben zieht ein herrlicher Duft, wenn die Frauen für den Preis des besten Nußkuchens um die Wette backen.

Zur vorweihnachtlichen Backzeit haben die Haselnüsse auch bei uns Hochkonjunktur. Selbst wenn man nicht die besonders zartfleischigen ,,gentilen'' Haselnüsse aus Cortemiglia bekommt, sollte man beim Kauf ein wichtiges Frischekriterium beachten: das Gewicht. Je schwerer, um so frischer und praller sind die Haselnüsse. Ältere ,,Leichtgewichte'' können dagegen leicht faserig und ranzig werden.

Italo-Intimkenner und Gastronom Adalbert Schmitt hat zusammen mit seinem Chefkoch Dieter Müller in der ,,Schweizer Stuben'' zu Wertheim einen köstlichen Dessertkuchen aus der ,,Nocciola gentile'' entwickelt:

➤ Mascarpone Nußtorte mit Amaretto

Zutaten für acht bis zwölf Personen
250 g Mascarpone
100 g Puderzucker
100 g Kristallzucker
5 Eigelb
3 Eiweiß
100 g grob geriebene Haselnüsse
100 geschlagene Sahne
3 fertige Biskuitböden (1 bis 2 cm dick)
3 cl Amaretto (Aprikosenlikör)
5 cl Wodka

Zubereitung

Mascarpone und Puderzucker gut vermischen und die Eidotter unterrühren. Etwa 70 Gramm der Haselnüsse hinzugeben.

Nun zuerst in die Masse den Kristallzucker einrieseln lassen, dann das steifgeschlagene Eiweiß und die Sahne vorsichtig unterheben.

Mokka und Amaretto in einem Glas mischen.

Den ersten Biskuitboden in einen passenden Tortenring mit hohem Rand einlegen

und ein Drittel der Crème aufstreichen. Den zweiten Boden darübergeben, mit der Hälfte des Mokka-Amaretto beträufeln und die nächste Schicht Mascarpone aufstreichen usw.
Den Abschluß bildet eine Crème-Schicht, die mit den restlichen Haselnüssen bestreut wird. Die Torte muß mindestens zwei Stunden im Kühlschrank gut durchkühlen.

Beinahe noch aus der amerikanischen Pionierzeit stammt das Rezept für die schokoladendunklen *Brownies*, aber wirklich nur beinahe. Denn die Siedler aus der Alten Welt bauten in den ersten Dezennien überwiegend Mais an.

Der Weizen – und damit die Blütezeit der amerikanischen Backkunst – wurde erst unter Präsident George Washington eingeführt. In Washingtons Heimat-Bundesstaat Virginia erinnern noch heute die wogenden Weizenfelder an die Pioniertat des Präsidenten.

Die Backhefe, unerläßliches Treibmittel für die nussigen Brownies, gab es erst ab 1868 im Handel. Vor dieser Zeit setzte man eine Art Gärmasse der Sonne aus, um biologische Hefezellen zu erzeugen.

In den kalten Wintermonaten waren darum die Backzeiten nicht gerade rosig. Zeitgenössische Autoren berichten, daß manche Rancher sogar den Garteigtopf nachts mit ins Bett nahmen, um den Hefezellen die unerläßliche wohlige Wärme zu garantieren.

Nüsse waren zu allen Zeiten in der Neuen Welt ein beliebtes Back-Beiwerk. Das Originalrezept der Brownies sieht Pecan-Nüsse vor, die unseren Walnüssen nicht nur im Aussehen ähnlich sind. Pecan-Nüsse findet man heute sogar schon in Supermärkten. Zum Backen ziehe ich sie unseren Walnüssen vor, weil sie noch „nussiger" sind im Geschmack. Ein Kuchenblech voll Brownies kann man zwar das ganze Jahr über sich und seinen Gästen anbieten. Aber durch Farbe und Inhalt passen sie ganz besonders gut in die Weihnachtszeit:

➤ Schoko-Brownies mit Pecan-Nüssen

Zutaten für etwa 40 Stück
125 g Zartbitterschokolade
125 g Pecan- oder Walnußkerne
250 g Mehl
500 g feiner Kristallzucker
1 Vanilleschote
4 Eier
150 g Butter
1 TL Backpulver
150 g fertige Schokoglasur

Zubereitung

Schokolade und Butter in einem großen Topf schmelzen und den Topf vom Herd ziehen.
Die Eier gut aufschlagen und mit dem Zucker und dem ausgekratzten Vanillemark in die Masse rühren. Das Mehl mit dem Backpulver zusammensieben und nach und nach mit der Schokoladenbutter vermengen. Zum

Schluß die grob gehackten Nußkerne untermischen.
Den Backofen auf 180° vorheizen.
Ein kleines Backblech mit Rand oder eine ähnliche quadratische Backform gut ausbuttern und den Teig zwei bis drei Zentimeter hoch einfüllen. Rund 30 Minuten backen lassen, bis die berühmte Prüf-Stricknadel sich ohne Rückstände wieder aus der Masse herausziehen läßt.
Den Kuchen abkühlen lassen und in drei mal fünf Zentimeter große Rechtecke schneiden. Mit der fertigen Schokoglasur jede Schnitte einzeln bestreichen.

Marzipan ist so eng mit unserem Nikolaus- und Weihnachtsbrauchtum verwoben, daß man schwören könnte, es wurde irgendwann auf deutschem Boden erfunden. Irgendwo zwischen Lübeck und Nürnberg. Doch weit gefehlt. Die mandelsüße Spezerei stammt aus dem Morgenland und kam erst mit den Kreuzrittern aus dem arabischen Raum zu uns.

Die schöne Scheherazade hat einst schon in ihren 1001 Nächten den König und ihre kleine Schwester mit Marzipan gefüttert und in ihren Erzählungen von den Zutaten berichtet, von

„Mandelbrot und zehn verschiedene Wasser, darunter Rosenwasser und Orangenblütenwasser . . .".

Etwas genauer läßt sich der Ursprung einer berühmten Frankfurter Marzipan-Spezialität zurückdatieren, der „Bethmännchen".

Um das Jahr 1840 tauchte der Begriff zum ersten Mal in der Familienchronik der Frankfurter Bankiersfamilie von Bethmann auf. Bei der Hochzeit des Moritz von Bethmann mit Maria von Bose wurden die mandelbestückten Marzipanmedaillons zum Dessert gereicht.

Die vier Mandeln auf dem Konfekt symbolisierten die vier Söhne des Hauses. Als der Jüngste, Heinrich, im Alter von nur 24 Jahren starb, waren es fortan nur noch drei Mandeln. Und in dieser Form finden sich die Bethmännchen bis zum heutigen Tag in jeder Frankfurter Konditorei.

Ehrensache, daß die Bethmännchen hausgemacht sein müssen.

Folgendes Rezept stammt aus der „Zuckerbäckerei" des Hotels „Frankfurter Hof".

Frankfurter Bethmännchen ➤

Zutaten für ca. 20 Stück

250 g Rohmarzipan
50 g Puderzucker
1 Spritzer Rosenwasser (Apotheke)
60 halbe Mandeln

Für die Glasur

35 g Gummiarabicum-Pulver (Apotheke)
1/4 l Wasser

Zubereitung

Die ersten drei Zutaten zu einem Teig verarbeiten.
Von diesem Teig ca. 15 Gramm schwere Kugeln oder Medaillons formen und drei halbe Mandeln seitlich andrücken.
Ein Backblech mit Pergamentpapier auslegen und die Kugeln daraufsetzen.
Den Backofen auf 200° vorheizen und die Bethmännchen ein paar Minuten lang leicht bräunlich werden lassen (nicht backen!)
Das Gummiarabicum-Pulver mit Wasser anrühren und etwas einkochen lassen. Damit die noch warmen Bethmännchen bestreichen.

Pasta und Pesto

die nudeligen Verführer

Wenn Sie Tiefkühlprodukte mit dem frostigen Hauch von ,,bella Italia'' schätzen oder Nudeln mit Fertigsaucen (à la Venezia oder Bologna oder Roma), dann sollten Sie vielleicht gar nicht erst weiterlesen. Denn genau diese ,,germanisierte'' Art von Pasta ist es, die wir hier beerdigen wollen. Friede ihrer Unkultur!

Vieles, was hierzulande unter italienischer Flagge segelt, kann den Gourmet das Grausen lehren. Zurück zur Natur, heißt deshalb unser Motto. Zurück zur natürlichen italienischen Pasta-Küche, zu all den Köstlichkeiten, die auf ,,i'' enden: Spaghetti und Makkaroni, Bucatini und Ravioli, Tortellini und Gnocchi und wie sie alle heißen.

Im (Früh-)Sommer beginnt für mich immer die Zeit der Italo-Küche. Dann fallen mir einfach nur italienische Rezepte ein. Die von Mamma Gina oder der fabelhaften Annie Feolde in Florenz oder von Cesare, hoch droben im Piemont. Wahrscheinlich deshalb, weil die italienische Küche eine sommerlich leichte ist, eine natürliche und naturbelassene. Oder einfach darum, weil in Italien die Wiege der Kochkunst steht.

Blättern wir zum Beweis die internationale Feinschmecker-Geschichte ganz kurz zurück: Als Katharina von Medici 1553 die hohe Eßkultur (und das Besteck!) ihres florentinischen Fürstengeschlechts an den französischen Königshof brachte, saßen die Franzosen – kulinarisch gesehen – noch auf den Bäumen. Von uns „Germanen" ganz zu schweigen.

Teigwaren haben in Italien bereits eine jahrtausendalte Tradition. Schon die Etrusker müssen sie gekannt haben. Kurz nach der Zeitwende schwärmte dann der römische Gourmet-Schreiber Apicius von leckeren Nudelaufläufen. Und als die Araber wenig später die luftgetrockneten Nudeln erfanden und nach Sizilien brachten, kannte das Nudel-Schlemmervergnügen keine Grenzen mehr.

Von köstlicher Pasta träumten selbst die großen Dichter. So schrieb Heinrich Heine vor 150 Jahren: „Vorgestern träumte mir, ich befände mich in Italien und sei ein bunter Harlekin und läge recht faulenzerisch unter einer Trauerweide. Die herabhängenden Zweige waren aber lauter Makkaroni, die mir lang und lieblich bis ins Maul hineinfielen; zwischen diesem Laubwerk von Makkaroni flossen statt Sonnenstrahlen lauter gelbe Butterströme, und endlich fiel von oben herab ein weißer Regen von geriebenem Parmesan . . ."

INTERNATIO
NALE FEIN
SCHMECKER
GESCHICHTE

Berühmt für seine Pastaträume ist in München ein Mann, der dem germanisierten Nudelbrei den Kampf angesagt hat: Giuseppe Culoso, von Freunden und Gästen nur ,,Pippo'' genannt. Er ist gebürtiger Sizilianer, Globetrotter und leidenschaftlicher Gastronom. *Cucina con amore* – Küche mit Liebe – könnte man nennen, was Pippo praktiziert. Die italienische Schnellimbiß-Welle nennt er ,,Betrug am Gast'' und den Untergang der italienischen Kochkultur. ,,Ich habe meine Gäste dazu erzogen, ein wenig Zeit mitzubringen'', sagt der Wirt. Die braucht ein Nudelkoch, der jede Portion Pasta frisch zubereitet. *Al dente* natürlich.

Heiß wird die Atmosphäre hinter den Kulissen von ,,Da Pippo'' am Mittwoch, wenn es die berühmten *schwarzen Spaghetti* gibt. Die Sauce dazu wird aus den Farbbeuteln von Tintenfischen zubereitet. Und wehe, der Schnitt entlang des Fischbauches sitzt nicht millimetergenau! Dann läuft der Koch noch tagelang mit schwarzen Tintenfingern herum. Ich hab's ausprobiert und festgestellt: Das ist nichts für gepflegte Damenhände. Diese Spezialität überlassen wir also lieber dem ,,Maestro''. Zur Nachahmung empfohlen sind dagegen seine Teigwarenträume aus den verschiedenen italienischen Regionen. Jede Landschaft hat ihre eigenen Spezialitäten. Aus dem karstigen Hochland der Abruzzen, südöstlich von Rom, stammt das köstliche Lammgericht:

Rigatoni al sugo d'agnello

(Röhrennudeln mit Lammsauce)

Zutaten für vier Personen

1/2 Zwiebel
1 Knoblauchzehe
1 Stange Sellerie
1 Karotte
1 EL Olivenöl
100 g Lammfleisch
1 Zweiglein Rosmarin
1 Lorbeerblatt
1 Glas Rotwein
400 g geschälte Tomaten (Dose)
Salz, Pfeffer
500 g Rigatoni (oder Makkaroni)
1 Stück Pecorino (Schafskäse) zum Reiben

Zubereitung

Zwiebel, Knoblauch, Sellerie und Karotte hacken, in Olivenöl anbräunen und das in Würfel geschnittene Lammfleisch dazugeben. Kurz durchschmoren lassen. Rosmarin und Lorbeerblatt zufügen. Mit einem Papiertuch oder Löffel das Fett abschöpfen. Den Sud mit Rotwein aufgießen. Dann die Tomaten (italienische Dosenware ist oft schmackhafter als eine wäßrige Treibhausfrucht) unterrühren. Das Ragout etwa 40 Minuten – erst im geschlossenen Topf, dann offen – köcheln lassen. Salzen und pfeffern. Die Rigatoni kochen, abtropfen lassen, mit Lammragout übergießen und mit frisch geriebenem Pecorino bestreuen.

In Florenz und der Toskana ist eine eher bürgerliche Küche zu Hause. Ohne Schnickschnack und Chi-chi. Die berühmten weißen Bohnen (fagioli) gibt es in allen Variationen, in Florenz die geschnetzelten Kutteln (trippa) und natürlich das tellergroße *Bistecca* der weißen Rinder aus dem Chiana-Tal.

Nudeln rücken in der Toskana eher in den Hintergrund. Hier gibt es als köstliches Vor- oder auch als sättigendes Hauptgericht:

➤ Crespelle alla Fiorentina

(Gefüllte Spinatpfannküchlein, überbacken)

Zutaten für vier Personen
1 Tasse Milch
3/4 Tasse Mehl
2 Eier
etwas Salz
2 EL Butter zum Backen
Für die weiße Sauce
40 g Butter
40 g Mehl (4 EL)
4 dl Milch (2 Tassen)
etwas Salz
Für die Füllung
100 g gekochten, abgetropften Spinat
300 g frischen Ricotta (Ziegenfrischkäse)

Zubereitung

Pfannkuchen und Sauce kann man vorbereiten. Aus den angegebenen Zutaten einen Pfannkuchenteig rühren und acht hauchdünne Crêpes backen. Mit Folie abdecken.
Für die Sauce die Butter in einem Stieltöpfchen zerlaufen lassen, das Mehl unterrühren, mit der Milch ablöschen, glattrühren und salzen.
Zum Schluß wird dann für die Füllung der gehackte Spinat mit Ricotta vermischt und gewürzt. Jeweils einen Löffel davon auf eine Pfannkuchenhälfte streichen, die andere darüberklappen.

Salz, Pfeffer, Muskat
und zum Bestreuen frisch geriebenen Parmesan

Die Pfannküchlein nebeneinander in eine feuerfeste Form schichten, mit der Sauce übergießen, mit frisch geriebenem Parmesan bestreuen und bei 180° im Rohr 15 Minuten überbacken.
Wenn Sie einen grünen Salat mit Oliven und Peperonistreifen dazu servieren, haben Sie ein leichtes, sommerliches Hauptgericht!

An den Golf von Genua, in die Schatzkammer der italienischen Küche, führt unser nächstes Gericht, das ein berühmter „Klassiker" unter den Pasta-Rezepten ist: der *Pesto genovese.*

Von den Genovesern wird behauptet, sie seien stets von einem Hauch Basilikum umweht. Tatsache ist, daß die ganz ligurische Küste zwischen La Spezia und San Remo ein einziges Kräutermeer ist (kurz vor San Remo, in Pontedassio, gibt's übrigens ein Spaghetti-Museum).

Der Pesto ist ein ideales Schnellgericht – auch für Ungeübte –, weil man die kalte Kräutersauce vorbereiten, im Kühlschrank (Schraubglas) tagelang aufbewahren und sogar tiefgefrieren kann. Dann allerdings muß man sie nach dem Auftauen mit etwas Knoblauch und frischem Basilikum nachwürzen.

Pippos Variation des berühmten Originals aus der Hafenstadt Genua ist:

➤ Trenette al pesto

(Bandnudeln mit Knoblauch-Basilikum-Sauce)

Zutaten für vier Personen

500 g Trenette (oder Spaghetti)

Für die Sauce

1 mittlere Kartoffel
50 g feine (Kenia-)Böhnchen
20 g Pinienkerne
2 Knoblauchzehen
60 g Basilikum
2 dl Olivenöl (Olio Vergine)
20 g Pecorino, gerieben
20 g Parmesan, gerieben
Salz, Pfeffer
frisches Basilikum zum Dekorieren

Zubereitung

Die Kartoffel und die Böhnchen dünsten, bis sie noch knackig sind. Die Kartoffel in kleine Würfel schneiden, die Bohnen in einen Zentimeter lange Stücke. Inzwischen alle anderen Zutaten in einem Mörser zerstoßen bzw. in einem Mixer zu einer cremigen Paste verrühren. Das Gemüse unter den Pesto heben und über die gekochten Trenette (oder Spaghetti) geben. Mit frischem Basilikum dekorieren.

Im Norden Italiens – von den Touristen-Fütterungsstellen einmal abgesehen – werden eher Reis (riso), Mais (zum Beispiel in der Polenta) und Kartoffeln (in den Gnocchi) gegessen.

Aus dem Piemont, an der Grenze zu Frankreich, hat Pippo ein Gnocchi-Rezept mitgebracht, das man – je nach Jahreszeit und Geldbeutel – variieren kann. Im Sommer nimmt man frischen (und preiswerten) Salbei; im Herbst, wenn in den Wäldern des Piemont die würzige weiße Trüffel heranreift, wird Salbei durch feine Trüffelscheibchen ersetzt. Die sommerliche Form heißt:

Gnocchi di patate al burro e salvia

(Kartoffelnockerl mit Butter und Salbei)

Zutaten für vier Personen	Zubereitung
500 g Kartoffeln *125 g weißes Mehl (Typ 405)* *1 Ei* *25 g Parmesan, gerieben* *Salz, Muskat* *100 g Butter* *1 Bund Salbei* *Parmesan am Stück zum Reiben*	*Die gekochten Pellkartoffeln werden passiert und mit Mehl und Ei, geriebenem Parmesan, Salz und Muskat verknetet. Aus dieser Masse formt man fingerdicke Rollen und schneidet davon einen Zentimeter dicke Stücke ab. In reichlich kochendem Salzwasser werden die Gnocchi jetzt so lange gegart, bis sie an die Oberfläche kommen. Gut abtropfen lassen, mit heißer Butter übergießen, mit Salbei garnieren und viel Parmesan darüberreiben.*

Das war Pippos Beitrag zu diesem Thema. Wenn *ich* ein paar Freunde zu einem Italo-Snack erwarte, hole ich mir den „Antipasto"-Reichtum Italiens auf den Teller. Dazu dekoriere ich für jeden Gast einen großen Teller mit:

- Salamischeiben und Parmaschinken
- eingelegten Artischockenböden und Champignons aus dem Glas
- gefüllten Oliven und Pfefferschoten
- einem Stück frischen Parmesan
- Thunfisch oder Sardinen in Öl.

Als Clou kommt – sobald die Gäste da sind – eine Kugel heiße *Polenta* in die Mitte des Tellers. Die kocht sich – fast – von selbst:

250 g Maisgrieß der Fünf-Minuten-Schnellkochqualität nach Vorschrift (aber in einer kräftigen Rindsbouillon statt in Wasser) zu einem festen Brei kochen. Je eine Kugel in die Mittel der „Antipasti"-Teller setzen. Eine Vertiefung bohren und ein Stück Butter hineingeben. Mit frisch geriebenem Parmesan bestreuen. Das ist für mich der Inbegriff eines sommerlichen „Abendmahls".

➤ Todsicheres Teigrezept

Hausgemachte Teigwaren sind die besten. Der Grundteig ist für alle Sorten gleich.

„Pippos" Erfolgsrezept:

500 g Mehl (Typ 405) mit vier Eiern, einem Eßlöffel Olivenöl und einer Prise Salz etwa fünf Minuten kräftig durchkneten. Den Teig 30 Minuten ruhen lassen, wieder mit Mehl bestäuben, ausrollen – je nach Art der Pasta hauchdünn oder etwas

dicker – und in Form schneiden (oder den Teigkloß durch die Nudelmaschine jagen).

Ein wichtiger Tip: Frische Nudeln müssen nur halb so lange kochen wie getrocknete!

Bei fertigen Teigwaren sollten Sie zwei Dinge beachten.

Erstens: Teigwaren brauchen viel Wasser. Für 100 g mindestens einen Liter in den Topf geben.

Zweitens: Die Teigwaren müssen noch Biß haben. Fertige Spaghetti und schmale Bandnudeln brauchen etwa sieben Minuten. Am besten probieren Sie zwischendurch.

Allgemein gilt: Teigwaren nur abtropfen lassen, nicht abschrecken.

Kaufen Sie nur frischen Parmesan am Stück, und reiben Sie ihn selbst. Er schmeckt um Klassen besser. (Er hält sich übrigens ein paar Wochen im Kühlschrank.)

Kulinarische

Souvenirs

aus Italien

Zwar gibt es im Zuge der EG fast alle Italo-Produkte auch bei uns zu kaufen. Aber ein paar Mitbringsel lohnen sich noch immer.

Wenn Sie in der Nähe von Carrara Urlaub machen, sollten Sie sich einen Mörser aus Marmor (zum Zerstoßen von Gewürzen und für den *Pesto*) mitbringen. Er ist rund um die berühmten Marmorbrüche nur halb so teuer wie anderswo.

Auch bei uns gibt es vereinzelt schon Nudelmaschinen. Aber die funktionellste *Macchina per pasta* habe ich in Italien gefunden. Sie ist aus pflegeleichtem Stahl, stellt sich auf sieben Teigstärken ein und „nudelt" am laufenden Band Spaghetti und Tagliatelle.

Für verwöhnte Esser lohnt sich die Anschaffung eines Trüffelhobels (*Mandolino per tartuffi*), der die sündteuren weißen Knollen aus dem Piemont (oder die schwarzen aus Frankreich) in hauchdünne Blättchen schnipselt.

Der kostbare *Aceto balsamico* aus der Gegend um Modena ist ein (längst nicht mehr geheimer) Tip der großen Köche. Bei Aceto balsamico handelt es sich um einen fast sirupähnlichen Weinessig, der bis zu 40 Jahre in Holzfäßchen reift. Er macht selbst aus den einfachsten Salaten und Saucen eine Delikatesse. Einen Spitzen-Balsamico erkennt man an drei Merkmalen: kleinste Flasche (0,25 l), schwarze Farbe und hoher Preis (ab 18 Mark bis zum Zehnfachen, je nach Alter).

Mit dem ,,jungfräulichen'' Olivenöl als Mitbringsel ist das so eine Sache. Das Olio extra vergine, die erste Kaltpressung des Öls, gibt es längst auch bei uns. Trotzdem: Wenn Sie zum Beispiel in der Toskana Urlaub machen, sollten Sie zum Winzer in eine der vielen Fattorias gehen. Er baut meist noch Wein und Oliven an. Was da als ,,Jungfrauenöl'' angeboten wird, zeigt neue Geschmacksdimensionen auf.

Eine gewisse Ratlosigkeit breitet sich bei vielen Italienurlaubern aus, wenn sie abseits der Touristenroute – in einer kleinen Trattoria – die Speisekarte vorgelegt bekommen. Denn die Namen der über hundert verschiedenen Teigwaren kennt kaum jemand. Hier die wichtigsten Sorten (auf die allgemein bekannten haben wir verzichtet).

Agnolotti:	Ravioliähnliche Teigtaschen
Anellini:	Suppeneinlagen in Ringform
Bucatini:	Makkaroni mit Schrägschnitt

Capellini: haarfeine Spaghetti
Conchiglie: Pasta in Muschelform
Fettucine: Bandnudeln
Papardelle: breite Nudeln in Band- oder geometrischer Form
Pastina: Suppeneinlage
Penne: Makkaroni mit Schrägschnitt
Tagliatelle: Bandnudeln
Tortiglioni: Schillerlocken-Makkaroni
Trenette: dünne flache Spaghetti
Vermicelli: dünne Fadennudeln

Unter einen ,,Stiefel'' zu bringen sind Italiens verschiedene Geschmacksrichtungen sicher nicht. Dennoch findet man immer wieder ein paar ,,Klassiker'' unter den Zubereitungsformen, wenn man in Speisekarten oder Kochbüchern blättert.

A*glio e olio* nennt sich eine Sauce, nach deren Genuß man allerdings auf Distanz zu seinen Mitmenschen gehen sollte. Sie besteht ausschließlich aus Knoblauch und Öl. *Amatriciana* basiert auf Schinkenspeck und Tomaten. *Nudeln Alfredo* werden schlicht mit Parmesan und Sahne angemacht. *Boscaiola* heißt nach ,,Art des Waldes''. Gemeint ist damit die Verwendung von Pilzen. *Cacciatore* bedeutet ,,Jäger-Art'', womit ja selbst in deutschen Küchen viel Merkwürdiges getrieben wird. In Italien verwendet man dafür oft Geflügelleber. *Carbonara* ist eindeutig mit Ei und Schinkenspeck. Bei Rezepten nach ,,Florentiner Art'' wird mit Spinat gekocht.

Pilz-Variationen

aus vier Ländern

„Wie bei Kreti und Pleti!" pflegte mein Großvater seufzend zu tadeln angesichts einer Schüssel mit dampfenden Waldpilzen auf dem sonntäglichen Mittagstisch. „Und überdies ist das Zeug auch noch schwer verdaulich!"

Über Jahrhunderte hinweg haftete den „Früchten des Waldes" ein Geruch von Arme-Leute-Essen an – fast so penetrant wie der von Stinkmorcheln. Und seit Tschernobyl sind sie noch zusätzlich ins Kreuzfeuer der Öko-Bewußten geraten. Was der Pilz-Popularität im übrigen wenig Abbruch tut.

Ob Pfifferlinge (sie sind etwas stärker belastet) oder Steinpilze, ob weiße oder schwarze Trüffel, Pilze sind im Herbst die Küchen-Stars selbst bei Witzigmann & Co.

Aus den „Früchten des Waldes" ist das „Gold des Waldes" geworden. Beinahe so kostbar und ebenso rar. Nur noch 1500 Tonnen frische deutsche Waldpilze wandern jährlich auf die Märkte.

Waldsterben = Pilzsterben?

Ein gewisser Rückgang ist eindeutig feststellbar. Aber die Gründe dafür dürften genauso vielschichtig sein wie bei den Bäumen, mit denen ja viele Pilzarten in hautnaher Symbiose leben.

Wen wundert's bei den hohen Preisen, daß sich viele Leute nach einer Ersatzlösung umsehen. Zuchtpilze sind neuerdings der Renner auf dem deutschen Markt. Etwa 40 000 Tonnen, überwiegend Zuchtchampignons, werden allein schon hierzulande jährlich produziert.

Und so mancher Do-it-Yourselfer läßt in einer Kellerecke den Austernpilz sprießen oder den Champignon. Als preiswerten Ersatz – und rund um die Jahresuhr zu ernten.

Dennoch: Der Duft nach Wiesenkräutern und würzigem Waldboden fängt sich nur in den Wildpilzen ein, gibt ihnen jenes köstliche Aroma, das Gourmets süchtig werden läßt.

Im August beginnt sie, die Pilzzeit, die köstliche. Und gleichzeitig damit eine wahre Völkerwanderung. Ganze Busladungen ergießen sich über die letzten Pilzoasen. Die Schweizer „überfallen" den Schwarzwald, die Bayern durchforsten Südtirol. Mit Messerchen und Spankörben bewaffnet und Sammlersucht im Blick.

1989

Daß man sie nicht ratzeputz abrupft oder niedertrampelt, die dottergelben Pfifferlinge zwischen Moos und Heidelbeeren, die honigbraunen Stockschwämmchen an Laubholzstümpfen oder die zierlich-schlanke Herbsttrompete am Fuße der Eichen, sondern die jungen ,,Pilzkinder'' zur Vermehrung stehen läßt, ist nur eine von vielen Regeln, die man dem Jung-Sammler ins Pilzbuch schreiben muß.

Die Pilzberatungsstellen, inzwischen rund 1000, über ganz Deutschland verteilt, tun ein übriges, damit sich auch der passionierte Sammler nicht unfreiwillig ins Jenseits befördert. So wie es im Laufe der Geschichte schon Gotama Buddha widerfahren sein soll, auch Kaiser Diokletian und Frankreichs König Karl VII., der den giftigsten aller Waldbewohner, den berüchtigten Knollenblätterpilz, schlicht mit Champignons verwechselt hatte. Ein (immer noch) tödlicher Irrtum!

An die 100 000 Pilzarten schätzt man inzwischen auf der Welt. Die eßbaren unter den rund 200 Wald- und Wiesenpilzen haben geradezu lächerlich wenige Kalorien (rund 30 pro 100 g) und sind wichtige Eiweißträger. Daß man nach der Katastrophe von Tschernobyl die immer noch Cäsium-belasteten Früchte des Waldes nicht pfundweise verdrückt, verbietet meistens schon der hohe Preis.

Was man aus Pilzen, mit Pilzen und um Pilze alles zaubern kann, zeigen uns vier Star-Köche aus vier Ländern. Inklusive der passenden Weinempfehlungen. Und so wird aus dem einstigen Aschenputtel in der Küche eine hochfeine Prinzessin – wenn das mein Großvater geahnt hätte! Der kulinarische Pilzexpreß geht zuerst in die Schweiz.

Elfie Casty gilt hier als Pionier der neuen leichten Küche. Ihr leuchtender Stern ging Anfang der siebziger Jahre am Gourmethimmel auf, als sie bei Davos ,,Tschiery's Landhaus'' eröffnete. ,,Sie praktiziert eine moderne Küche von fast japanischer Ästhetik'', schwärmte Berufsgourmet Wolfram Siebeck von der eidgenössischen Küchenfee. Das ,,Landhaus'' hat inzwischen seine Pforten geschlossen – aber Elfie Casty lehrt weiterhin das, was sie ,,meine Kochphilosophie'' nennt, hält Kochkurse ab, schreibt Bücher und kreiert mit unerschöpflicher Fantasie neue Gerichte wie das

Rehfilet auf Pilzsalat mit Himbeervinaigrette

Dieser Augenschmaus à la Dali wird lauwarm serviert – entweder als Vorspeise oder, mit Baguette und Rotwein, als leichtes ,,Nachtmahl'', wie die Schweizer sagen.

Zutaten für vier Personen

250 g frisches Rehfilet
1 Kopf Friséesalat
200 g Pfifferlinge
2 EL neutrales Öl
1 EL Butter
Gewürzmischung aus: 100 g Salz, je einem Mokkalöffel Curry, Paprika und weißem Pfeffer, einem Hauch Cayennepfeffer und den zerrupften Blättchen eines Thymianzweiges (mischen und in einer Dose verschlie-

Zubereitung

Den Friséesalat waschen und nur den hellen Innenteil, wie ein Haarnetz zerzupft, auf vier Tellern ausbreiten. Vom Rehfilet das Häutchen abziehen, das Fleisch in der Gewürzmischung wälzen und in Öl drei bis vier Minuten von allen Seiten anbraten, warm stellen.

Das Bratfett abgießen, Butter in die Pfanne geben und darin die geputzten Pfifferlinge

ßen, ergibt eine pikante Würze für jedes Bratfleisch).

Für die Vinaigrette
2 EL Himbeeressig
4 EL Traubenkernöl
2 EL kräftige Bouillon
Salz, Pfeffer

fünf Minuten dünsten. Inzwischen wird schnell die Vinaigrette zusammengemixt.
Die gedünsteten Pfifferlinge verteilt man mit einem Löffel über den Salat. Den Bratensatz aus der Pfanne gießt man nicht weg, sondern löscht ihn mit der Vinaigrette ab.
Das Rehfilet wird in Scheiben geschnitten, auf dem Salat angerichtet und das Ganze mit der Vinaigrette direkt aus der Pfanne beträufelt.

Weinempfehlung
Gut dazu schmeckt ein leichter „Dôle"-Rotwein aus dem Schweizer Kanton Wallis.

Tief versteckt in den Wäldern und Weinbergen des Piemont liegt das winzige Bergdörfchen Albaretto Torre. Bekannt geworden nur durch den eigenwilligen Kochkünstler Cesare Giaccone.

Fernab der Großstadt beschränkt sich Cesare ausschließlich auf die regionalen Produkte der bizarren Hügellandschaft des Piemont: auf Enten, Hühner, Fasane, Wildscheine und natürlich auf die berühmten weißen Trüffeln von Alba, die er ab September in verschwenderischer Fülle über seine Gerichte hobelt.

Aber auch der Steinpilz gedeiht vorzüglich in den dichten Laub- und Nadelwäldern ringsherum, von Cesare zu einem köstlich duftenden, typisch italienischen Herbstgericht verarbeitet, dem

Risotto mit Steinpilzen

Die Italiener betrachten das Risotto natürlich als Vorspeise. Aber mir ist es „solo", als leichtes Abendessen, fast noch lieber. Schinken, Käse und Brot kann man ja immer nachreichen.

Zutaten für vier Personen
200 g italienischer Rundkornreis
200 g Steinpilze
0,5 l kräftige Bouillon
0,25 l trockener Weißwein
1 Schalotte
1/2 Knoblauchzehe
1 EL gehackte Petersilie
50 g frisch geriebener Parmesan
70 g Butter
Salz, Pfeffer

Zubereitung

Die gehackte Schalotte in 40 g Butter glasig dünsten, den Reis hinzugeben, kräftig umrühren und mit Wein und Bouillon ablöschen. Aufkochen lassen und bei niedriger Hitze den Reis ca. 20 Minuten im offenen Topf gar ziehen lassen, bis er eine breiige Konsistenz hat (eventuell noch etwas Bouillon nachgießen).

Inzwischen werden die Steinpilze geputzt und in Scheiben geschnitten. Die restliche Butter läßt man in einer Pfanne zerlaufen und gibt den feingehackten (oder durch eine Presse getriebenen)

Knoblauch sowie die Steinpilze hinzu und läßt alles ca. vier Minuten weich dünsten.
Zum Schluß werden Reis und Pilze gemischt, der Parmesan eingerührt, das Ganze mit Salz und Pfeffer abgeschmeckt und mit Petersilie bestreut.

Eß-Snobs und Nachfolger des legendären Krösus ersetzen die Steinpilze durch weiße Trüffeln (einfach roh über das Risotto hobeln). Aber da man mindestens 40 g Trüffeln braucht, strapaziert das den Gelbeutel mit weit über 100 DM!

Weinempfehlung
Zum Risotto paßt hervorragend ein Rotwein aus dem Piemont: ein *Dolcetto* oder der einfache Landwein, der *Nebbiolo* oder ein *Barbaresco.*

Den Parade-Österreicher Eckart Witzigmann muß man wohl kaum extra vorstellen. Unter „deutscher Flagge" hat sich der Mann aus Badgastein zuerst im Münchner „Tantris" und später in seiner „Aubergine" alle nur erdenklichen Auszeichnungen „erkocht".

Bodenständig und erdverbunden ist Eckart Witzigmann trotzdem geblieben. „Wenn ich Zeit habe, gehe ich noch heute gern im Herbst auf Schwammerl-Suche", sagt er. Pilzgerichte ziehen sich wie ein roter Faden durch die kulinarischen Kreationen des Drei-Sterne-Kochs. Wie dieser:

Steinbutt mit Champignons überbacken in Rotweinsauce

Zutaten für vier Personen

4 Schnitten vom Steinbutt (oder Kabeljau) à ca. 100 g

Für die Champignonmasse

40 g Champignons oder Egerlinge
3 EL frische Kräuter (Petersilie, Estragon, Basilikum, Kerbel), gehackt
6 EL frisch geriebenes Weißbrot
80 g gesalzene Butter
Saft einer halben Zitrone
Salz, Pfeffer, etwas Cayennepfeffer

Für die Rotweinsauce

1 Schalotte
2 dl kräftiger, trockener Rotwein
1 EL weißer Portwein
100 gesalzene Butter
Salz, Pfeffer

Zubereitung

Die Champignons putzen und in kleine Würfel schneiden. Die Butter mit Zitronensaft schaumig rühren und alle Zutaten für die Champignonmasse zu einer streichfähigen Farce mischen. Die leicht gesalzenen Steinbuttschnitten in eine gebutterte, feuerfeste Form legen, mit der Farce dick bestreichen. Einige Löffel Wasser angießen und im vorgeheizten Ofen bei 200° Oberhitze 10 bis 15 Minuten gratinieren.

Inzwischen bereiten Sie die Rotweinsauce zu, indem Sie die Schalotte fein hacken und in Butter nur leicht anschwitzen. Mit Rotwein und Portwein aufgießen und so lange einkochen, bis nur noch ein Deziliter Flüssigkeit übrigbleibt. Nun rühren Sie die eiskalten Butterstückchen ein, bis eine cremig-glänzende Sauce entsteht.

Die Sauce wird auf den Boden der Teller gegeben und die Steinbuttschnitten darauf angerichtet (als Beilage Pellkartoffeln oder in Butter geschwenktes Gemüse reichen).

Weinempfehlung
Als Österreicher tendiert Witzigmann natürlich zu heimischen Gewächsen: einem trockenen „Grünen Veltliner" aus der Wachau oder – warum nicht? – dem gleichen Rotwein, der für die Sauce verwendet wurde.

Für seine originelle Handschrift ist der gebürtige Münchner Otto Koch weit über die Grenzen Deutschlands hinaus berühmt. Sein Restaurant wird vom nahe gelegenen Bio-Bauernhof bedient. Die Produkte sind oft bodenständig, aber mit viel kulinarischem Witz verfeinert. Originell ist auch das, was Otto Koch mit den Früchten des (bayerischen) Waldes treibt. Seine

➤ Pilztorte à la Prinzregent

ist ein kulinarisches Gedicht – und gar nicht so schwer nachzukochen.

Zutaten für vier Personen

Für die Crêpes

100 g Mehl
4 Eier
1/8 l Milch
1/8 l Wasser
1 Prise Salz
50 g Butter zum Backen

Für die Füllung

400 Egerlinge oder Champignons
70 g eingeweichte, abgetropfte Morcheln
50 g Schalotten, feingehackt
1 EL Petersilie, feingehackt
50 g Butter
Salz und Pfeffer

Für die Sauce

1/4 l Sahne
50 g Butter
Zitronensaft, Saft, Pfeffer

Zubereitung

Zuerst die Pilze durch die mittlere Scheibe des Fleischwolfs treiben und die Masse etwa eine Stunde lang ausgebreitet auf einem Kuchenblech ruhen lassen, damit sie dunkler wird.
Inzwischen rührt man die Zutaten für die Crêpes in einem Mixer zusammen und backt daraus in einer großen Pfanne acht dünne Pfannküchlein. Nun werden in der gleichen Pfanne erst die Schalotte in Butter angeschwitzt, dann die Pilze und die Petersilie hinzugegeben, alles mit Salz und Pfeffer abgeschmeckt und unter ständigem Rühren ca. vier Minuten gedünstet, bis die Pilze Saft abgegeben haben. Den Pfanneninhalt gießt man auf ein Sieb und fängt den Saft in einem Töpfchen (für die Sauce) auf. Die Crêpes werden jetzt Schicht für Schicht mit der heißen Pilzmasse bestrichen, bis die achtstöckige Prinzregententorte „steht".

Der Pilzsaft wird mit Sahne um die Hälfte eingekocht, mit Zitronensaft, Salz und Pfeffer gewürzt und mit den kalten Butterstückchen zu einer cremigen Sauce aufgeschlagen. Die Torte (vorsichtig) in acht Stücke schneiden und mit der Sauce servieren (entweder für 8 Personen als Vorspeise oder für 4 Personen als Hauptgericht).

Weinempfehlung

Weinkenner Otto Koch empfiehlt dazu aus deutschen Landen: „einen trockenen Gutedel aus dem Badischen oder einen trockenen Spätburgunder-Rotwein aus dem Rheingau. Auch der Württemberger Trollinger ist ein hervorragender Pilzbegleiter."

➤ Wie man mit Pilzen umgeht

- Pilze sollte man grundsätzlich *nicht waschen,* sie ziehen sonst Wasser. Man putzt nur mit einem Messer die erdigen oder matschigen Stellen weg.

- Zum *Trocknen* eignen sich vor allem die Röhrlinge (Steinpilze, Maronen, Rotkappen). Pfifferlinge hingegen werden leicht zäh. Man fädelt die in Scheiben geschnittenen Pilze auf eine Schnur *oder* trocknet sie im Backofen auf dem Kuchenblech mehrere Stunden bei ca. 50° (Tür einen Spalt offen lassen).

- Trockenpilze entwickeln *mehr Aroma* als Dosenpilze.

- Zum *Einfrieren* eignen sich beinahe alle Pilze. Sie werden entweder roh und bereits portioniert oder fertig gedünstet ins Tiefkühlfach gegeben. Zum Verbrauch nur antauen lassen und bei hoher Hitze schnell fertigkochen.

  Es ist ein *Gerücht* aus längst vergangenen Zeiten (als man noch mit Eisentöpfen hantierte), *daß man Pilze nicht wieder aufwärmen darf.* Man kann ein Pilzgericht sehr gut über Nacht im Kühlschrank aufbewahren.

- Von der Neuen Küche wurden wildwachsende Champignons und Steinpilze auch als *Rohkost* zu Salaten entdeckt. Keine Angst, man kann *diese* Pilzarten gefahrlos roh verzehren (mit Zitrone beträufeln, damit sie nicht braun werden).

- Übrigens: In der Schweiz sind getrocknete Morcheln und in Italien getrocknete Steinpilze viel preiswerter als bei uns! Ein Urlaubs-Souvenir für Hobby-Köche!

Powidln, Buchteln

und Kaiserschmarrn

Mehlspeisen im neuen Kleid

„**A**ls Böhmen noch bei Österreich woar" – besingt Peter Alexander voll Wehmut die gute alte „k. und k."-Zeit des Habsburgerreichs, als der Himmel noch voller Geigen hing und der Eßtisch voll war mit dampfenden Marillenknödeln, Buchteln, Liwanzen und Powidltascherln.

Als jeder „anständige" Wiener Haushalt eine Mehlspeisköchin aus Böhmen oder Mähren beschäftigte, die, rundlich und resolut, himmlische Genüsse aus Butter, Eiern, Zucker und Mehl zauberte und Schuld daran trug, daß die Herrin stets etwas zu eng saß in ihrem Fischbeinkorsett.

Ach ja, die gute, alte, füllige-barocke Kaiserzeit . . .

Wo, in aller Welt, außer in Wien, war es möglich, daß Köche zu Kaisers Geburtstag fünf Tage lang einen 1250 Pfund schweren Pudding fabrizierten, der dann in knapp einer Stunde verputzt war? Oder wo konnte es geschehen, daß sich zwei Konditoreien einen neun Jahre dauernden Prozeßstreit um die „Original Sachertorte" lieferten?

Das gab es eben nur in Wien. Nirgendwo auf der Welt werden süße Sachen so wichtig genommen wie in der Donaumetropole. Gestern wie heute. Nur daß heute die Wiener Mehlspeisküche nicht mehr von der Schwere eines Plumpuddings sein muß, sondern eher von der Luftigkeit eines Schaumkrönchens. Dank der Hand junger Köchinnen und Köche, die viel Mehlstaub von den alten Rezepturen geblasen haben. In dieser Form sind süße Sachen keine Sünde mehr – auch nicht für Kalorienbewußte.

Die Vorliebe der Wiener für die Zuckerbäckereien datiert schon aus der Zeit der Kreuzzüge, als die Ritter Muskatellertrauben, Ingwer, Zimt und Zuckerrohr heim an die Donau brachten. Und als das Habsburger-Reich in seiner Hochblüte ein Dutzend Völker überschaute, floß auch Ungarisches, Tschechisches, Venezianisches in den großen Wiener Kochtopf ein.

Da nützte es wenig, wenn der kaiserliche Kanzelprediger Abraham a Santa Clara wortgewaltig zu Felde zog gegen die „süßen Speisen, verzuckerten Trachten, kristallenen Sulzen, schleckrigen Possen und Bissen" in der Fastenzeit. Die Wiener ließen sich ihren süßen Zahn nicht ziehen. Ungemütlich wurden sie höchstens, wenn ihre Backwaren zu klein ausfielen. Betrügerische Bäcker, die das amtlich festgesetzte Gewicht der Kipferln und Semmeln nicht einhielten, wurden gnadenlos mit dem sogenannten „Bäckerschupfen" bestraft. Man sperrte sie in einen Käfig und tauchte sie – zum Gaudium des Publikums – mehrfach in der Donau unter.

Von Nostalgie kann heute in der Wiener Mehlspeisküche kaum die Rede sein. Sie war und ist immer „in". Nur a bisserl leichter ist sie halt geworden. Die Rezepte wurden vom jungen Küchenchef Gustav Lugerbauer, einem Star der neuen österreichischen Küche, im Gasthof „Weißes Kreuz" am idyllischen Mondsee kreiert – und mit Geschichten garniert.

Daß Salzburger Nockerln „süß wie die Liebe und zart wie ein Kuß" sind, weiß jeder Alpenrepublikaner mit Operettenbildung. Daß der flaumig-süße Kuß auch eine pikant-amouröse Geschichte hat, ja, wer weiß das schon?

Es war einmal in Salzburg, Ende des 16. Jahrhunderts, ein berühmter Erzbischof mit Namen Wolf-Dietrich von Raitenau, der sich Hals über Kopf in das schöne Bürgerstöchterlein Salome Alt verliebt hatte. Die amourösen Nächte mit ihrem Landesherrn pflegte die blutjunge Schöne mit jenem flaumigen Dessert zu versüßen, das heute als Salzburger Nockerln von internationalen Touristen genauso begehrt ist wie jene süßen Kugeln, bei denen Mozart unfreiwillig Pate stand.

Da der Erzbischof mit seiner schönen Mesalliance immerhin fünfzehn uneheliche Kinder zeugte, darf man wohl schließen, daß die Liebe schon damals auch, aber nicht ausschließlich, durch den Magen ging. Zwar konnte Raitenau seine Verbindung mit Salome Alt nicht legalisieren, aber er schenkte ihr zum Trost das wunderschöne Renaissanceschloß Mirabell.

Wer heute in der Mozartstadt die luftigen Nockerln (nach Salome Alt) bestellt, sollte sich darüber im klaren sein, daß eine Portion glatt für drei Personen reicht. So ist auch Gustav Lugerbauers Version der

➤ Salzburger Nockerln

als Vier-Personen-Dessert gedacht.

Zutaten
10 Eiweiß
6 Eidotter
50 g Kristallzucker
40 g Mehl
etwas Vanillezucker
1/8 l Milch
und für die Form: 30 g Butter, 10 g Zucker

Zubereitung

Eiweiß zu steifem Schnee schlagen, nach und nach Zucker gut einschlagen, dann Eidotter, Vanillezucker, geriebene Zitronenschale und Mehl kurz einrühren.

Dabei nur so leicht mischen, daß die Dotterstreifen in der Masse noch sichtbar bleiben.

Drei große, pyramidenförmige Nockerln formen und in eine ovale, feuerfeste, ausgebutterte und mit Zucker bestreute Glas- und Porzellanschüssel einlegen (sollte die Schüssel zu klein sein, nehmen Sie ruhig eine zweite) und die Nockerln gute fünf Minuten im vorgeheizten Rohr bei 180° backen.

Dann die aufgewärmte Milch

mit etwas Vanillezucker an der Seite eingießen und weitere drei bis vier Minuten backen.
Die Nockerln sollen nicht ganz „durch", also innen noch cremig, sein. Kurz mit Puderzucker besieben und sofort servieren. Sobald die Nockerln auskühlen, fallen sie zusammen!

Was täten die Schnulzenschreiber und Heimatfilmer ohne Kaiser Franz Joseph und seine Sissi? Der populäre Herrscher stand für tausendundeine Geschichte Pate. So auch für den Kaiserschmarrn. Den Schmarrn, als einfaches Pfannengericht aus Mehlteig, gab's zwar schon längst. Aber zum Kaiserschmarrn avancierte er anläßlich eines Jagdausfluges, als sich die kaiserliche Gesellschaft in die Hütte eines „Kasers" (Senners) verirrte. Der gute Mann konnte seinen hohen Gästen nichts anderes als einen schlichten Schmarrn anbieten. Aber der muß so köstlich gewesen sein, daß seine Majestät lobend äußerte: „Sein Kaser-Schmarrn wäre es wert, Kaiserschmarrn zu heißen."

Bei Hofe ließ Franz Joseph sich täglich seine geliebte Mehlspeis servieren. Bedauerlicherweise war seine Majestät jedoch ein sehr schneller Esser. Und da man ihm stets zuerst servierte und die Gäste nur so lange speisen durften wie der Kaiser, gingen die jüngsten Offiziere am Ende der Tafel meistens leer aus. Bis der duftende Kaiserschmarrn zu ihnen gelangte, hatte

seine Majestät schon das Besteck niedergelegt. Was des Kaisers Lust, war also der Husaren Frust.

Kaum eine Wiener Mehlspeis ist jedoch so populär geworden wie der Kaiserschmarrn. Eine ganz schlichte, schnell gebackene, aber köstliche Variante nennt Gustav Lugerbauer

Kipferl-Apfelschmarrn

Zutaten für vier Personen
8 Kipferl (Butterhörnchen)
1 Tasse Milch
20 g Zucker
30 g Rosinen
Etwas Vanille und Zimt
80 g Butter
2 – 3 Äpfel (leicht säuerlich)

Zubereitung

Die Kipferl werden blättrig geschnitten. Dann die Milch mit den Eiern, Zucker, Vanille und Zimt gut verrührt. Die Äpfel schälen und in dünne Scheiben schneiden (ohne das Gehäuse natürlich). Mit etwas Apfelsaft und Butter kurz aufkochen lassen. Die gedünsteten Äpfel mit den Kipferln mischen, in eine ausgebutterte, feuerfeste Form geben und mit der Milch-Eier-Zucker-Mischung übergießen, mit Rosinen bestreuen und im vorgeheizten Rohr bei 180° 20 Minuten backen.

Der Schmarrn wird dann mit zwei Gabeln flockig gerissen, auf Tellern angerichtet und mit Puderzucker bestreut.

Den *Gugelhupf* schlicht und prosaisch als ,,Napfkuchen'' zu bezeichnen, würde dem Star der österreichischen Kaffeetafel kaum gerecht. Der Gugelhupf kann ein Biskuit-, Hefe- oder Backpulverkuchen sein, dessen Innenleben der schöpferischen Fantasie keine Grenzen setzt. Ebenso vielschichtig ist die ethymologische Wurzel des Gugelhupf. Die meisten Deutungen zielen wegen der Form auf die ,,Gugel'', die kapuzenähnliche modische Kopftracht des 14. Jahrhunderts. Daß aber ein Kapuzinermönchlein unter seiner ,,Gugel'' vor Freude ,,hupfen tat'', als ihm das Rezept gelang, fällt wohl mehr unter das Kapitel dichterischer Freiheit.

Tatsache ist, daß Kaiser Franz Joseph I. leidenschaftlich gerne Gugelhupf aß. Und ganz besonders denjenigen, der von den zarten Händen der Katharina Schratt zubereitet wurde.

Der Herrscher war schon Anfang fünfzig, als er sich in die anmutige Naive des Wiener Burgtheaters verliebte. Jeden Tag gegen 16 Uhr 30 fuhr der Kaiser – vom Raunen der Wiener begleitet – bei Frau Schratt zur ,,Jause'' vor. Und daß stets ein frisch gebackener Gugelhupf auf der Kaffeetafel stand, wurde von den Wiener Klatschmäulern genauso heftig ,,betratscht'' wie alle anderen Details dieser pikanten Affäre.

Das Rezept, nach dem Katharina Schratt ihren Kaiser verwöhnte, ist nicht überliefert. Wir halten uns an die moderne Variante des Gustav Lagerbauer.

Gugelhupf-Soufflé zum Kaffee

Zutaten für vier Personen	**Zubereitung**
5 Eidotter	*Die Eidotter mit der Butter und dem Puderzucker in einer in ein heißes Wasserbad gesetzten Schüssel cremig aufschlagen, nach und nach die ganzen Eier unterrühren. Nun die abgeriebene Zitronenschale und das Mehl einstreuen und zum Schluß das steifgeschlagene Eiweiß vorsichtig unterziehen. Die Masse in eine gebutterte, leicht mit Mehl bestäubte Napfkuchenform geben, ins kalte (!) Backrohr setzen, auf 180° aufheizen und 45 Minuten backen lassen.*
5 Eiweiß	
3 ganze Eier	
140 g Butter	
220 g Puderzucker	
180 g Mehl	
abgeriebene Zitronenschale	

Tip: Das Wichtigste an diesem Gugelhupf sind die Eier. Kaufen Sie keine ,,Industrieeier'' aus Legebatterien, sondern nur ,,Bauerneier'' von freilaufenden, körnergefütterten Tieren.

Natürlich würden die Wiener die Erfindung des Strudels gerne für sich ,,patentieren'', aber dieser papierdünn ausgezogene

Teigmantel war schon früher bei den Türken und den Magyaren bekannt.

Eindeutig für sich ,,patentieren'' können die Wiener jedoch die schönsten Geschichten um den Strudel. Wie diese vom kaiserlich-königlichen Hofrat Karl Stellwag von Karion. Der bekannte Universitätsprofessor galt als eingefleischter Junggeselle. Warum auch hätte er heiraten sollen? Seine böhmische Köchin sorgte schließlich aufopfernd für sein leibliches Wohl.

Pech für den Professor, daß auch eine Köchin nicht als alternde Jungfrau enden will. Als die Perle ihre Eheschließung mit einem Gendarmen in Aussicht stellte, sah der Hofrat auch die köstlichen Strudel für immer entschwinden.

Seufzend entschloß er sich, selbst in die Bresche zu springen und die Köchin zur Frau Hofrätin zu machen. Vor allem wegen der Strudel natürlich. Als sich die frisch gebackene Frau Hofrätin nach der Trauung an ihren Karl schmiegte und ihn fragte, ob er nun glücklich sei, entzog sich dieser energisch der unerwarteten Intimität und sagte: ,,Für Sie, Madame, bin ich immer noch der Herr Hofrat. Und nun gehen's heim und machen's Ihren Strudel. Aber mit viel Mandeln, wenn ich bitten dürfte!''

Heiraten wegen des Strudels muß man längst nicht mehr, seit es die fertigen tiefgefrorenen Strudelblätter gibt, die auch Gustav Lugerbauer der Einfachheit halber für seinen

Gewürz-Früchtestrudel

genommen hat.

Zutaten für vier Personen

2 Packungen tiefgekühlte Strudelblätter

Für die Füllung

160 g Butter
20 g Puderzucker
6 Eiweiß
6 Eidotter
Zimt und geriebene Zitronenschale
eine Prise Kardamom
80 g würflig geschnittene Datteln
40 g Rosinen
80 g gedörrte Zwetschgen (Pflaumen)
80 g würflig geschnittene Feigen
160 g gehackte Nüsse
20 g Mandelstifte
60 g Kristallzucker

Zubereitung

Die Butter mit Puderzucker und den Eidottern schaumig rühren. Mit Zitronenschale, Zimt und Kardamom würzen. Das Dörrobst, Nüsse und Mandeln untermischen. Zum Schluß das mit Kristallzucker steifgeschlagene Eiweiß unterziehen. Die Masse auf die zu einem Rechteck ausgelegten Strudelblätter aufstreichen und locker aufrollen (das geht am besten, wenn man unter den Teig ein bemehltes Küchentuch als Aufrollhilfe legt).

Nun ein Backblech einfetten und den Strudel in Hufeisenform darauflegen. Den Backofen auf 180° aufheizen und das Backblech in den Ofen schieben. Alle fünf Minuten (insgesamt dreimal) den Stru-

del mit zerlassener Butter bestreichen. Backdauer: etwa 35 Minuten.
Besonders raffiniert wird das Rezept, wenn man zum Strudel noch einen Weinschaum serviert.

Der Fasching ist für die Wiener untrennbar verbunden mit jenen runden, schokoladeglänzenden Teigkugeln, die ein Spree-Athener in der Hofkonditorei Demel jüngst mit den Worten bestellte: „Frollein, 'nen Balina Pfannkuchen, aba vom Neja jeküßt!"

Der echte Wiener *Indianerkrapfen* unterscheidet sich vom „Berliner" jedoch allein schon innerlich durch seine cremige Sahnefüllung. Außerdem wird er im Rohr und nicht im Fett gebacken. Schuld an seiner Erfindung ist (angeblich) der Zorn der Wiener Bäckersfrau Cäcilie Krapf. Die resolute Cillie wollte nämlich ungestört einem indischen Seiltänzer zuschauen, der anno 1850 mit großem Erfolg in Wien auftrat und dortselbst von den Wienern in geographischer Unkenntnis als „Indianer" bezeichnet wurde.

Als der Gatte der wackeren Bäckersfrau ob des Gaffens seiner besseren Hälfte ungeduldig wurde und sie an die Arbeit befahl, warf die erzürnte Cillie ihrem Göttergatten eine Kugel Teig an den Kopf. Das Wurfgeschoß verfehlte jedoch sein Ziel und landete unvermutet in einer Pfanne mit brutzelndem Öl, wo es zu einem luftigen Gebilde aufging, das die clevere Frau Krapf flugs mit Sahne füllte und mit Schoko-Glasur überzog.

Ein Teller voll

Indianerkrapfen Wiener Art

ist Süßmäulers Wonne zur Faschingszeit, zum Kindergeburtstag oder Kaffeeklatsch.

Zutaten für ein Dutzend Krapfen
1/4 Tasse Mehl
1/4 Tasse Mondamin
1/4 Tasse Zucker
1 Vanilleschote
4 Eier

Für die Füllung
0,25 l gutgekühlte Sahne
1 Beutel Vanillezucker
3 EL Aprikosenmarmelade
fertige Schokoladenglasur

Zubereitung

Eigelb und Eiweiß trennen. Das Eiweiß mit der Hälfte des Zuckers steif schlagen. Das Eigelb mit dem ausgekratzten Extrakt der Vanilleschote und dem restlichen Zucker cremig schlagen. Nun beide Massen zügig mischen und ebenso zügig das gesiebte Mehl und Mondamin untermischen. Auf ein gebuttertes und bemehltes Backblech (evtl. mit der großen Tülle eines Spritzbeutels) 12 Kugeln setzen und bei 180° 15 Minuten backen.

Wenn die Kugeln abgekühlt sind, schneidet man das obere Drittel als Kappe ab, höhlt die Krapfen etwas aus und füllt einen Klacks Marmelade hinein. Nun die Deckel wieder aufsetzen, mit der flüssigen Glasur die Krapfen über-

ziehen und kühl stellen. Erst kurz vor dem Servieren werden die Deckel wieder abgehoben und die Krapfen mit der steifgeschlagenen Vanillesahne aufgefüllt. Hütchen wieder drauf und mit einem in Heißwasser getauchten Pinsel die Glasurränder noch einmal glätten.

Und damit sind wir am Ende unserer süßen Donaureise. Servus Wien – kaiserlich-königliches Zuckerschlecker-Paradies!

Österreichurlauber brauchen im süßen Schlaraffenland der Wiener Mehlspeisen fast einen Sprachführer, um sich im „böhmakelnden" Donaudeutsch der Café- und Gasthäuser zurechtzufinden.

Damit man nicht gleich als „Preuße" abgestempelt wird, sind hier die wichtigsten Begriffe der süßen k. u. k.-Küche ins Hochdeutsche übertragen:

Buchteln	=	luftige Hefeteignocken, im Rohr gebacken
Dobostorte	=	Biskuittorte, Schokoladen-Buttercreme gefüllt
Germ(knödel)	=	Hefe(knödel)
Gugelhupf	=	Napfkuchen
Kipferl	=	Hörnchen
Klezenbrot	=	Früchtebrot

Kolatschen	=	Hefe- oder Plundergebäck
Lebzelten	=	Lebkuchen
Liwanzen	=	in Fett gebackene Hefeteigplätzchen mit Zimt und Zucker
Marillen(knödel)	=	Aprikosen(knödel)
Pischingertorte	=	Oblaten-Schichttorte mit Schokoladencreme
Powidltascherln	=	mit Pflaumenmus gefüllte, gekochte Teigtaschen
Povesen	=	im Fett gebackene Weißbrotscheiben, gefüllt
Scheiterhaufen	=	süßer Auflauf aus Brötchen und Früchten
Schlagobers	=	Schlagsahne
Schlosserbuben	=	in Fett ausgebackene Pflaumen im Teigmantel
Spitzbuben	=	Mürbteigringe, mit Marmelade gefüllt
Strauben	=	Schmalzgebäck
Striezel	=	Hefezopf
Topfenpalatschinken	=	Pfannkuchen mit Quark gefüllt
Ribiseln	=	Johannisbeeren
Zwetschgenröster	=	Pflaumenkompott

Rossini

an Wellington

Gerichte, die Geschichte machten

Wie, bitte schön, kam einst die Lady Curzon in die Suppe?

Oder was hat Gioacchino Rossini auf den Tournedos verloren?

Und welche Helene vermählte sich namentlich mit einer heißen Birne – die fromme (von Wilhelm Busch) oder die schöne (von Jacques Offenbach)? Gerichte, die Geschichte machten, zieren noch heute weltweit die Speisekarten. Millionenfach kopiert von einem Originalrezept, um dessen Entstehung sich im Laufe der Jahrhunderte ein poetischer Strauß an Dichtung und Wahrheit gerankt hat.

Ob historisch belegt oder geklittert, hübsch sind sie allemal, die Gerüchte um Gerichte. Auch wenn sie im Laufe der Zeit etwas verstaubt sind und sich mancher „Erfinder“ im Grab herumdrehen würde angesichts der lieblosen Behandlung seines „kulinarischen Kindes“ durch die heutige Fast-food-Konservenindustrie.

Drei prominente Küchenchefs wurden deshalb gebeten, ein halbes Dutzend weltberühmte Gerichte neu durchzustylen. Und siehe da – die „neuen Kleider“ für die alten Klassiker sind ein Traum geworden! Optisch und kulinarisch.

Für die Vorspeisen zeichnet Gerhard Gartner vom „Gala“ in Aachen verantwortlich, für die Hauptgerichte Dieter Müller von den „Schweizer Stuben“ in Wertheim und für die Desserts der Österreicher Johann Lafer vom „Val d'Or“ im Guldental. Alle drei durch die Fernsehserie „Essen wie Gott in Deutschland“ auch in unseren Wohnzimmern zu Hause . . .

In britischen Pubs findet man ihn noch gelegentlich, den Typus englischer Kolonialoffizier, voll nostalgischer Erinnerungen an Indien und Burma. Tatsächlich lebten sie damals ja nicht schlecht, die britischen Herren, zumal im Norden Indiens, wo Klima und Küche gleichermaßen erfreulich waren. Die britischen Vizekönige residierten gar ähnlich prunkvoll wie die Maharadschas, mit einem Troß an Dienerschaft und Köchen.

Von der Marquess Curzon of Kedleston, der Gattin des britischen Vizekönigs im Indien der Jahrhundertwende, gäbe es nichts Außerordentliches zu berichten. Wenn, ja, wenn nicht bei einem Bankett zu Ehren der Lady eine Suppe „erfunden“ worden wäre, die bald als *Schildkrötensuppe Lady Curzon* von Delhi aus den Siegeszug rund um die Welt antrat.

Den britisch-indischen Dauerhit mit einem Schuß Sherry und einem Häubchen Currysahne hat Gerhard Gartner einmal ganz anders interpretiert. Als leichte, sommerliche Vorspeise.

Gelierte Schildkrötensuppe Lady Gala

Zutaten für vier Personen

3 kleine Dosen Schildkrötensuppe
2 cl trockener Sherry
4 kleine Hühnereier
3 Blatt Gelatine
1 Kopf Friséesalat
2 geschälte, gewürfelte Fleischtomaten
3 EL Distelöl
Saft einer halben Zitrone
Salz, Pfeffer

Zubereitung

Die Gelatine mit ein paar Löffelchen der Suppe einweichen. Den Rest der Suppe mit dem Sherry erhitzen und die Gelatine einrühren.
Die Eier vorsichtig köpfen und mit sanftem Schütteln ausleeren. Mit der Öffnung nach oben in Eierbecher setzen. Mit einem Trichter die noch warme Suppe in die Schalen füllen und im Kühlschrank gelieren lassen.
Inzwischen den Salat putzen und mit Öl, Zitrone, Salz und Pfeffer anmachen. Der Salat wird nun als Nestchen auf vier Teller verteilt und mit den Tomatenwürfeln bestreut. Die Gelee-Eier werden geschält und in die Nestchen gesetzt. Als Beilage empfiehlt Gerhard Gartner neue Kartöffelchen in der Schale.

Zugegeben, die Königin hatte es nicht leicht. Diese Ausschweifungen und Amouren ihres genußsüchtigen Gemahls Ludwig XV., diese Affäre mit der machtbesessenen Pompadour . . .

Kein Wunder, daß die polnische Adelstochter Marie Leszczinski oralen Trost im üppig-kalorischen Nachschub suchte, der Tag und Nacht aus der Hofküche von Versailles anrollte.

Unter den ausladenden Rokoko-Krinolinen konnte man ja auch einiges an Übergewicht verbergen. Außerdem schien der König ein Faible für üppige Damen zu haben. Auch die Pompadour und nach ihr die Dubarry konnte man kaum als filigrane Wesen bezeichnen.

Die *Königinpastete*, die Marie Leszczinski jeden Morgen nach dem ,,Lever'' serviert wurde, hatte denn auch andere Dimensionen als das bekannte Vorspeisenhäppchen unserer Tage: eine riesige Blätterteigpastete mit Hühnchen oder Kalbfleisch, Gemüsen und Pilzen in dicker Sahnesauce gefüllt. Das luftigleichte Königinpastetchen *unserer* Tage, das Gerhard Gartner aus heimischen Produkten zauberte, ist hingegen wirklich ein ,,Vol-au-Vent'', ein Flug-im-Wind, gerade als Vorspeise oder als Gaumenkitzel zum Glas Wein gedacht.

➤ Königinpastetchen mit Rieslingforelle

Zutaten für vier Personen	**Zubereitung**
4 große Blätterteigpasteten (vom Bäcker)	*Die Zwiebel fein hacken und in Butter glasig schwitzen. Sahne und Wein angießen*
4 Forellen à 200 g	

30 g Butter
1 kleine Zwiebel
0,2 l Sahne
0,2 l Riesling
die Menge einer Tasse Sauerklee (wächst am Waldrand) oder Kresse
Salz, Pfeffer

und mit Salz und Pfeffer aus der Mühle abschmecken.
Die ausgenommenen Forellen gut waschen und in der Sauce rund sieben Minuten am Herdrand ziehen lassen.
Forellen herausnehmen, mit einem Löffelchen die Haut abziehen und das Fleisch von der Gräten schieben.
Inzwischen die Weinsahne um die Hälfte einköcheln lassen.
Das Forellenfleisch in kleine Stückchen zupfen und in die vorgewärmten Pasteten füllen. Den gewaschenen Klee in die Sauce geben und diese über die Pasteten löffeln.

Gioacchino Rossini würde sich im Grabe herumdrehen (in einem besonders prunkvollen übrigens, auf dem Pariser Künstlerfriedhof Père Lachaise), wenn er wüßte, was aus seinen berühmten Tournedos geworden ist!

Sicher, man findet sie heute überall in der Welt auf den Speisekarten. Aber in welch bejammernswertem Zustand! Statt der frischen Gänsestopfleber und den edlen schwarzen Trüffeln aus dem Périgord, die der Maestro so liebte, schwimmt oft ein undefinierbarer Leberbrei mit Billigtrüffeln der Wurstindustrie auf zähem Rindfleisch.

Dabei war der Meister der italienischen ,,Opera buffa'' auf seine Kochkünste beinahe ebenso stolz wie auf seine Kompositionen. Als er 1823 nach Paris kam und bald zum königlichen Generalmusikintendanten avancierte, war Rossini längst ein gemachter Mann. Über ein Dutzend Opern hatte er schon abgeliefert, auch den ,,Barbier von Sevilla'', auch den ,,Otello''. Finanziell abgesichert, konnte sich der Genußmensch Rossini in Paris bald ausschließlich dem Müßiggang und seinen Hobbies hingeben: Kochen, gut Essen und Reisen. Und das noch knappe 40 Jahre lang als beneidenswerter ,,Frührentner'' der E-Musik.

Die oft malträtierten *Tournedos Rossini* verwandelte Kochkünstler Dieter Müller in

➤ Gratinierte Tournedos mit Portwein

Zutaten für vier Personen
8 Scheiben Rindsfilet à 70 g
4 Toastscheiben ohne Rinde
1 Sträußchen Petersilie
60 g Rindermark
1/4 l brauner Kalbsfond
4 kleine Schalotten
8 cl trockener Rotwein
4 cl trockener Portwein
60 g Butter, etwas Öl
Salz und Pfeffer (aus der Mühle)

Zubereitung

Das Rindermark 30 Minuten kalt wässern und in kleine Würfelchen schneiden. Die Toastscheiben und die abgezupfte Petersilie im Küchenmixer kleinhacken und mit den Markwürfelchen mischen, beiseite stellen.
Die Schalotten schälen, in Scheiben schneiden und in etwas Butter glasig dünsten. Mit Rotwein und Kalbssaft auffüllen und um die Hälfte

einköcheln lassen. Die Sauce durch ein Sieb passieren und mit Portwein, Salz und Pfeffer abrunden.

Die Tournedos salzen und pfeffern und in einem Öl-Butter-Gemisch rund vier Minuten beidseitig rosa braten. Die Fleischscheiben auf einer feuerfesten Platte anrichten, mit der Markmasse bestreichen und unter dem Grill drei Minuten gratinieren. Vor dem Anrichten mit der Sauce beträufeln.

Dieter Müller empfiehlt dazu ein „Bett" aus Lauch-Sahnegemüse (gibt's sogar tiefgefroren), das man je nach Geldbeutel noch mit dem Saft und den Scheibchen einer schwarzen Trüffel aus der Dose „aufmotzen" kann. Dazu passen Baguette-Brot und ein leichter Rotwein.

Aus der Geschichtsstunde taucht sie noch manchmal auf: die berühmte Schlacht bei Waterloo, die das endgültige Aus für Napoleon Bonaparte bedeutet hatte. Am 18. Juni 1815 stand beim Dörfchen Waterloo, 20 Kilometer südöstlich von Brüssel, der große Franzose einem Engländer gegenüber, der gleich zweifach in die Geschichte eingehen sollte: Arthur Wellesley, Herzog von Wellington, siegte nicht nur mit Hilfe der Preußen über Napoleon, er lieh auch einem berühmten Gericht seinen Namen.

Wann und warum das *Filet Wellington* so benannt wurde weiß man allerdings nicht genau. Vielleicht, weil damals Napoleon von Wellington so „eingewickelt" wurde, wie das Fleisch von der Teighülle? Egal, Wellington-Art bedeutet immer: von einem Teigmantel umhüllt. Und diesen sattsam bekannten Standardmantel hat Dieter Müller nun kulinarisch völlig neu geschneidert:

➤ Gefülltes Rindsfilet im Mangoldmantel

Zutaten für vier Personen

4 Scheiben Rindsfilet à 100 g
4 große schöne Mangoldblätter, in Salzwasser blanchiert

Für die Füllung

80 g schieres Putenfleisch
30 g Geflügelleber
1/2 Eiweiß
2 cl Noilly Prat-Vermouth
1 cl Cognac
8 cl Crème double

Für die Sauce

300 g kleine Champignons
1/2 l brauner Kalbsfond
2 Schalotten
1 Zweig Thymian
1 dl trockener Weißwein
2 cl Cognac

Zubereitung

Sowohl die Füllung als auch die Saucen kann man vorbereiten. Für die Füllung werden Putenfleisch und Leber kleingeschnitten, mit Eiweiß und Rahm gemischt und kurz ins Gefrierfach gestellt. Gut durchgekühlt, wird die Masse dann zusammen mit dem Alkohol im Mixer püriert. Durch ein Haarsieb streichen, mit Salz und Pfeffer abschmecken.

Für die Sauce werden die Champignons geputzt, geviertelt und in 30 Gramm Butter rasch angedünstet.

In einem Stieltöpfchen die gehackten Schalotten mit dem Thymian in 20 Gramm Butter anschwitzen, mit

sowie insgesamt
100 g kalte Butter
Salz, Pfeffer aus der Mühle

Weißwein und Kalbsfond auffüllen und auf knapp die Hälfte einköcheln lassen. Die Sauce durch ein Sieb streichen und mit den Champignons mischen. Erst dann den Cognac angießen, salzen, pfeffern und 50 Gramm eiskalte Butterwürfel einrühren, damit die Sauce etwas Stand bekommt.

Vor dem Essen werden die Filets kurz in Butter beidseitig angebraten, gesalzen, gepfeffert und auf je ein ausgebreitetes Mangoldblatt gelegt. Mit der Füllung bestreichen und das Blatt gut zusammenklappen.

In einer gebutterten, feuerfesten Form die Fleischpaketchen zehn Minuten im Rohr bei 180° fertig garen. Dann läßt man das Fleisch drei Minuten ohne Hitze entspannen, schneidet die Paketchen in schräge Scheiben und richtet diese auf heißen Tellern mit der Champignonsauce an. Baguette dazu und Rotwein.

Man schreibt das Jahr 1896 in der französischen Hauptstadt. ,,Tout Paris'' ist entzückt von den spritzig-parodistischen Operetten des gebürtigen Kölners Jakob Offenbach, in denen die gesamte griechische Mythologie respektlos auf die Schippe genommen wird.

Gerade feiert ,,die schöne Helena'' in Paris Triumphe. Und mit ihre die rothaarige Diva Hortense Schneider, die ,,Femme fatale'' der Pariser Bühnenwelt.

Die Affären und Amouren der Sängerin sind Klatschthema Nummer eins in den einschlägigen Salons. ,,La belle Hélène'' und ihrer Hauptdarstellerin schreibt man in der Feinschmekkerwelt die berühmte heiß-kalte *Birne Hélène* zu.

Der Österreicher Johann Lafer hat diesen Dessert-Knüller völlig neu durchgestylt als

➤ Birne der schönen Helena

Zutaten für sechs Personen
6 große Birnen mit Stiel
1 Glas Weißwein
2 EL Zitronensaft
2 EL Zucker

Für die Füllung
60 g Bitterschokolade
70 g Nougat, dunkel
1 Ei

Zubereitung

Für die Füllung *läßt man Schokolade und Nougat in einem Topf bei schwacher Hitze zerlaufen. Herd abstellen. Nun das Ei, die eingeweichte Gelatine und die restlichen Zutaten gut in die Masse einquirlen. Erst zum Schluß die geschlagene Sahne und das Eiweiß unterheben und die*

1 Eiweiß, steif geschlagen
200 g geschlagene Sahne
1 Blatt Gelatine
etwas abgeriebene Orangenschale
1 EL Rum
1 EL Grand Marnier

Für die geeiste Vanillesauce
0,2 l Sahne
1 Vanillestange
4 Eigelb
70 g Zucker
3 cl Rum
2 EL geschlagene Sahne
sowie Schokoladeraspeln und frische Minzblättchen als Dekoration

Masse drei Stunden in den Kühlschrank stellen.
Für die Sauce läßt man in einem Stieltopf Sahne, das ausgekratzte Vanillemark und den Zucker aufkochen. Unter ständigem Quirlen die Eigelb hinzugeben und den Topf sofort vom Herd nehmen, wenn die Masse dicklich wird. Ist die Sauce etwas abgekühlt, rührt man den Rum ein und stellt alles für drei Stunden in den Kühlschrank.
Vor dem Servieren werden die Birnen ausgehöhlt, mit der Schokoladenmasse gefüllt (am besten geht das per Spritzbeutel) und auf Dessertteller verteilt. Die Vanillesauce mixt man mit der geschlagenen Sahne kräftig auf (Handquirl) und gießt sie über die Birnen. Als Dekoration Schokoraspeln und einige Minzblättchen verteilen.

Normalsterblichen wird frühestens nach dem Tod ein Denkmal gesetzt. Der australischen Sopranistin Nellie Melba wurde diese Ehre schon im blühenden Alter von 32 Jahren zuteil. Noch dazu durch einen ebenso berühmten Zeitgenossen – wenn auch auf kulinarischem Gebiet – dem Franzosen Auguste Escoffier. Der Ort dieses „Happenings"? Das Londoner Savoy-Hotel, auf neutral-angelsächsischem Boden sozusagen.

Helen Porter Mitchell, die sich frei nach ihrem Geburtsort Melbourne *Melba* nannte, war um die Jahrhundertwende die „Prima assoluta" der Opernbühne. Ihre „Elsa" in der Lohengrin-Inszenierung des Jahres 1893 an der Covent Garden Opera riß auch Auguste Escoffier, den Vater der heutigen „Nouvelle cuisine", zu Beifallsstürmen hin. Und da der Franzose damals als Küchenchef im noblen Savoy-Hotel tätig war, hob er bei einem Festbankett zu Ehren der Sängerin den *Pfirsich Melba* aus der Taufe. Johann Lafer hat dieses millionenfach kopierte, mit Dosenobst und Zuckersirup leider oftmals ruinierte Rezept neu konzipiert als

➤ Pfirsich Melba Nouvelle

Zutaten für vier Personen
0,25 l Sekt
60 g Zucker
1/2 Vanillestange, ausgekratzt
2 cl Honiglikör
2 cl Grenadine-Saft
1/2 Zitrone, Schale und Saft
1/2 Orange, Schale und Saft
4 frische Pfirsiche, abgepellt

Für das Sabayon
5 Eigelb

Zubereitung

Die ersten sieben Zutaten in einem Topf aufkochen, die Pfirsiche einlegen und bei milder Hitze und geschlossenem Deckel zehn Minuten weich dünsten. Die Früchte entnehmen, halbieren und entkernen. Den Saft durchpassieren.

Vier Teller für zehn Minuten in den Tiefkühler stellen.

Für die Garnitur

300 g Himbeeren (davon 1/3 zusammen mit etwas Puderzucker durch ein Sieb streichen)
8 Kugeln Vanilleeis
einige Minzblättchen
etwas Puderzucker

Ein viertel Liter des Saftes mit den Eigelb bei schwacher Hitze aufschlagen, bis das Sabayon dicklich wird.

Die Pfirsichhälften mit je einer Kugel Vanilleeis füllen und umgekehrt, mit der Frucht nach oben auf die eiskalten Teller legen. Die ganzen Himbeeren dekorativ verteilen, das warme Sabayon über die Früchte gießen und zum Schluß mit Himbeermark, Minzblättchen und Puderzucker garnieren.

Saucen

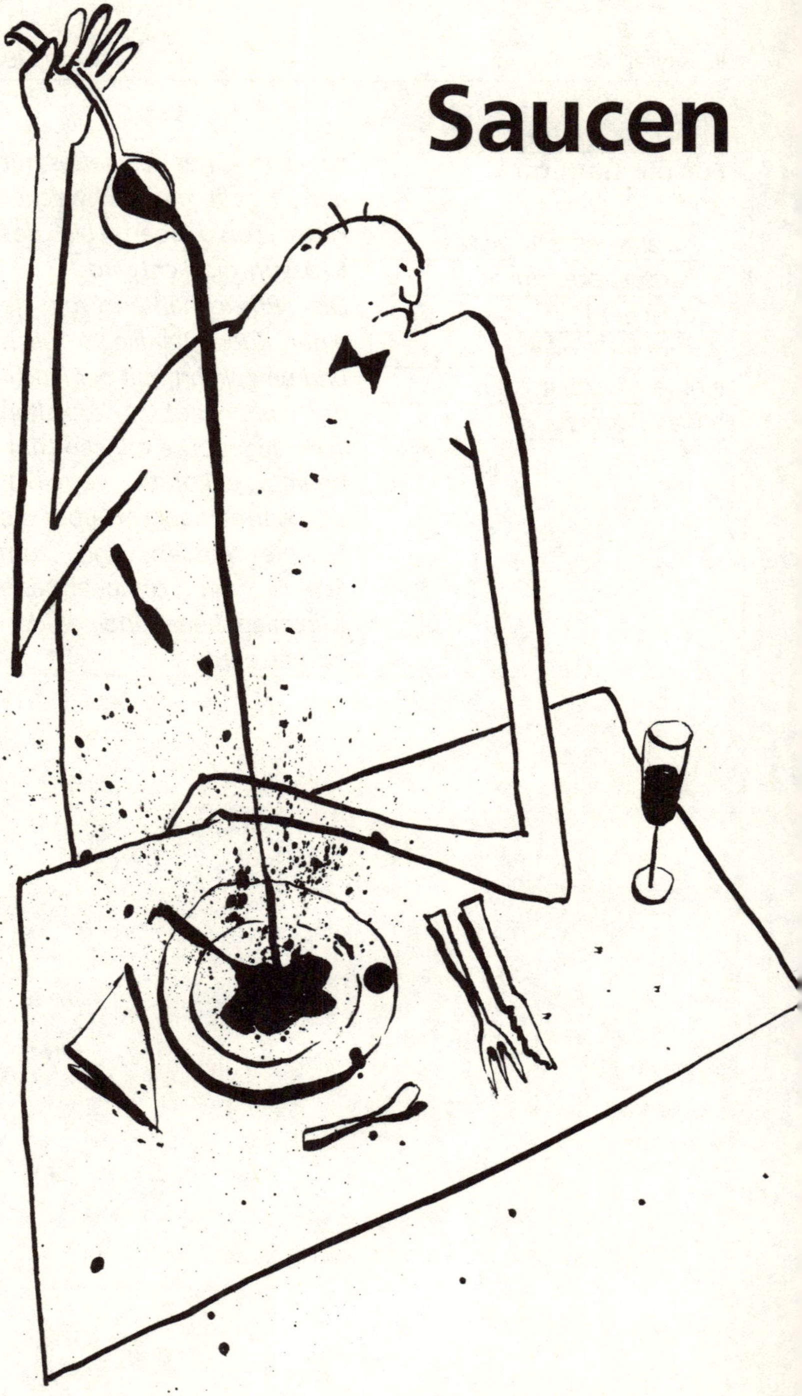

in Weiß und Rot

„**M**an kann einen Mann mit schweren Saucen genauso sicher unter die Erde bringen wie mit Strychnin. Nur dauert es etwas länger." Der spöttische Ausspruch des englischen Schriftstellers Somerset Maugham hat auch heute noch wenig von seiner Aktualität verloren.

Angesichts der fettigen Mehlpampe, die sich immer noch in vielen Gasthäusern und Kantinen wie zähflüssige Lava über zumeist kalte Teller wälzt, fragt man sich, was eigentlich aus der Revolution der siebziger Jahre, der neuen leichten Küche, geworden ist.

Zugegeben, gute Saucen sind eine Kunst. Nicht umsonst wurden ihre Hersteller, die Sauciers, in Frankreich als „Schöpfergenies" und als „Eckpfeiler der feinen Küche" (so der Marquis de Cussy).

Die Scheu eines unerfahrenen Gelegenheitskochs vor der Zubereitung dieser cremig-zarten Krönung eines jeden Gerichts gleicht denn auch ein wenig der Angst des Tormanns beim Elfmeter.

Ein Stück Fleisch nach Vorschrift zu braten, mag ja noch angehen. Aber wie geht's weiter mit dem fettigen Bratensaft? Der Griff nach der Tüte mit der Aufschrift „braune Soße" oder „weiße Soße" oder „Soßenbinder" ist sicher die bequemste Lösung. Was dabei herauskommt, kann man jedoch höchstens als deutsche „Tunke" bezeichnen. Von einer Feinschmeckersauce ist sie so weit entfernt wie ein Mehlsack von einem Modellkleid.

Fortgeschrittene Herd-Azubis greifen oft zu einer probaten Einheitslösung: Bratensaft abkratzen, einen Becher Sahne darüber, einen Schuß Cognac daran, fertig ist das Sößchen. So weit so gut. Was aber macht man mit Spargel und zarten Gemüsen, Fisch und Früchten und anderen saucenbedürftigen Köstlichkeiten?

Trösten wir uns, die Kunst der Saucen hat hierzulande keine gewachsene Tradition. Sie steckt gewissermaßen noch in den Kinderschuhen.

Bei den altern Römern, die mit dem Wörtchen *salsus*, was gesalzen bedeutet, den sprachlichen Grundstock legten, wurde einst die „Soße" nur mit gesalzenem und gepökeltem Fisch gewürzt, was ungefähr so schmeckte wie mit Sardellenpaste angemacht – aber den Weinkonsum ganz ungeheuer anhob. Auf den verfeinerten Saucengeschmack kam man erst im 17. Jahrhundert an den Höfen der französischen Könige und Fürsten. Meisterköche wurden damals bewundert und gehätschelt und von Hof zu Hof gereicht. Ihre sößlichen Neuschöpfungen trugen meistens die Namen der adeligen Auftraggeber. So kam der Marquis de Béchamel, als Privatsekretär Ludwigs XIV. eine ziemlich unbekannte Erscheinung, zu weltweitem Ruhm – dank einer Sauce.

Ebenso geistert der Prinz zu Soubise noch heute durch die (Zwiebel-)Saucenszene. Selbst die Mehlschwitze ist keineswegs zuerst in deutschen Pfannen gerührt worden, sie wurde vom französischen Küchenmeister François Pierre la Varenne „erfunden". Weit über die französischen Grenzen drangen die geheimen Rezepte der Sauciers allerdings kaum.

Erst Ende der sechziger Jahre unseres Jahrhunderts erlebte, diesmal beiderseits des Rheins, die Kunst der Saucen im Zuge der neuen leichten Küche ihre große Renaissance. Vielleicht, weil nach den kargen Kriegsjahren nun alle delikaten Zutaten wieder in Hülle und Fülle vorhanden waren? Sicher aber, weil eine junge Generation von Köchen heranwuchs, die nach neuen Wegen suchte.

Auch ein Eckart Witzigmann hat 15 Jahre gebraucht, um seine Gourmet-Sterne zu polieren. Nicht zuletzt dank seiner Saucen-Kreationen.

Aber sooo geheimnisumwittert ist diese Kunst nun auch wieder nicht. Wenn man die richtige Basis hat. Und das sind Fonds, fertig im Glas oder hausgemacht.

Ein Fond ist nichts weiter als ein aromatisches Konzentrat aus den Knochen und Abfällen des jeweiligen Tieres. Fangen Sie mit einem Kalbsfond an, den braucht man immer, oder mit einem Geflügel- bzw. Fischfond. Je nachdem, was am meisten auf den Tisch kommt. Den Fond macht man völlig unabhängig vom Bratprozeß. Fleisch bzw. Fisch *und* Sauce werden *getrennt* zubereitet. Das ist das Geheimnis – und eine bequeme Lösung noch dazu.

Die Zubereitung eines Fonds finden Sie am Ende dieses Kapitels.

Zuerst schleichen wir uns jedoch gewissermaßen durch die kalte Küche an die Vorspeisen- und Salatefront.

➤ Kalte Kräutersaucen für Salate und Fleisch

Ein würziges Kräuterbouquet, im Sommer aus dem Garten, im Winter aus dem Treibhaus, ist in allen Küchen dieser Welt die Saucenbasis für Salate, Gemüse und gekochtes Fleisch.

Sei es die französische Kräuter-Vinaigrette, unsere Frankfurter grüne Sauce oder der italienische Pesto, der Duft nach aromatischem „Grünzeug" und einem Hauch Knoblauch sind immer dabei. Das Plus der Kräutersaucen: Man kann sie vorbereiten und ein bis zwei Wochen im Kühlschrank aufbewahren.

Die

Klassische Vinaigrette

zu allen Salaten ist ein Würz-Chamäleon. Sie ist die Urmutter aller Salatsaucen. Man kann sie beliebig variieren. Mit Estragon oder Schnittlauch oder Petersilie oder Senf. Ihr Basisrezept ist jedoch stets gleich:

1/8 l kaltgepreßtes Olivenöl
2 TL Weinessig (besonders würzig schmeckt der spanische Sherry-Essig)
1 TL Salz
1/4 TL frisch (!) gemahlener Pfeffer

Kalte *Pesto* oder „Grüne Sauce" vermählen sich ebenso gut mit Spaghetti wie mit gekochtem Fleisch. Knoblauch-Abstinenzler tun sich allerdings manchmal schwer mit ihr. Versuchen Sie, einen möglichst jungen und frischen Knoblauch zu bekommen. Was als trockener Knoblauchkranz oft monatelang in den Läden herumhängt, riecht bei der Zubereitung wirklich nach einer Garküche in einem arabischen Basar.

Den klassischen

➤ Pesto

kann man zu Spaghetti oder – besonders gut – zu gekochtem Rindfleisch servieren.

Er besteht aus drei Knoblauchzehen, 30 Gramm Pinienkernen, 60 Gramm frischen Basilikumblättern, im Mörser oder Mixer zerkleinert, sowie 100 Gramm frisch (!) geriebenem Parmesan, knapp zwei Tassen eines guten Olivenöls, reichlich Pfeffer und wenig Salz. Er hält sich im Schraubglas prima im Kühlschrank!

Großmutters beliebter Fleischsalat ist heute immer noch ein plastikverpackter Renner in Metzgereien und Selbstbedienungsläden. Oft klebt jedoch der schmierige, konservierte Kleister ziemlich unangenehm am Gaumen. Geben wir dem Fleisch- oder Geflügelsalat doch zur Abwechslung ein modisch leichtes Kleid in Form einer

➤ Joghurt-Mayonnaise mit Meerrettich und Kapern

Dazu schlägt man mit einem Handmixer ein Eigelb, etwas Salz, Pfeffer und einen Spritzer Zitronensaft leicht an und gibt langsam eine halbe Tasse neutrales Pflanzenöl bei laufendem Motor in die Masse, bis sie dicklich wird. Mit je einem Eßlöffel voll geriebenem Meerrettich, Kapern sowie gehacktem Dill würzen. Ein paar Spritzer Sojasoße dazugeben und zum Schluß einen halben Becher Joghurt und einen halben Becher Crème fraîche untermixen.

In wärmere Saucenbereiche führt uns die Geschichte des François Pierre la Varenne, der jenseits des Rheins als Vater der klassischen Küche gilt. Im Jahre 1651 veröffentlichte Varenne das erste Standardwerk der französischen Küche mit dem Titel „Le Cuisinier Français". Sein Rezept einer verfeinerten Mehlschwitze, die er der spanischen Arme-Leute-Küche entlehnt hatte, ging als sogenannte „Roux" in die Küchengeschichte ein. Bis zum heutigen Tag gilt die Roux als Basis für die

Weißen Sahnesaucen zu Gemüse, Fisch und Gratin

Im Laufe der Jahre bekam diese Mehlschwitze viele Kinder mit klingendem Namen, wie Béchamel, Mornay, Soubise oder Nantua.

Das Grundrezept braucht man immer wieder zu Blumenkohl, Artischocken, Kohlrabi, zu gekochtem Fisch oder zu allen überbackenen Aufläufen.

Man rührt zwei Eßlöffel Butter mit zwei Eßlöffeln Mehl bei niedriger Hitze so lange kräftig zusammen, bis beides vollständig und zischend „vermählt" ist. Nun gießt man 60 Zentiliter Milch an, rührt diese *Béchamelsauce*, bis sie glatt ist, und läßt sie fünf Minuten bei schwacher Hitze simmern. Mit Salz, Pfeffer und Muskat abgeschmeckt, ziert die Béchamelsauce alle feinen Gemüse und ist unerläßlich zum „Dippen" von Artischockenblättern.

Die *Sauce Mornay*, benannt nach dem Hugenottenführer und Gouverneur von Saumur, Philippe de Mornay, ist das kulinarische Deckbett für alle Gemüse- und Nudelaufläufe und für gekochten Fisch.

Die Grundsauce wird mit einem Zehntelliter Sahne und 30 Gramm frisch geriebenem Gruyère verfeinert und über knackig gekochten Blumenkohl oder Chicorée mit Schinkenstreifen oder gekochten Fisch gegeben und im Ofen einige Minuten mit Butterflöckchen überbacken.

Der Prinz von Soubise, selbst ein Feinschmecker und Hobby-Koch, der bekannt war für seine exquisiten Omelettes aus Fasanen- und Schnepfeneiern, bereicherte die Saucenlandschaft um die *Sauce Soubise*. Sein Küchenchef Bertrand benannte nach dem Prinzen eine Zwiebel-Sahne-Sauce, die zu Lammfleisch oder gekochtem Rindfleisch paßt. Die Grundsauce wird mit zwei gehackten, in Butter glasig gedünsteten Zwiebeln, reichlich Pfeffer und zwei Zehntelliter Sahne verfeinert.

Als Gipfel der Feinschmeckerei gilt die *Sauce Nantua*. Die regionale Küchenspezialität der Stadt Nantua sind Krebsgerichte. Die feine und nicht ganz billige Sauce Nantua reicht man zu gedünstetem Fisch oder man überbackt ihn damit.

Die Grundsauce wird mit einem Zehntelliter Sahne und einem Schuß Cognac etwas eingekocht, mit Cayennepfeffer gewürzt und mit gekochten Krebsschwänzen verfeinert.

Die Stars der feinen Küche, aber auch der Alptraum mancher Gelegenheitsköchin, sind die

Feinen Eierschaumsaucen zu Spargel, Steak und Früchten. ➤

Wenn im Frühjahr der erste frische Spargel auf den Tisch kommt, serviert man lieber zerlassene Butter, als sich an die berühmte „Sauce hollandaise" zu wagen. Und zu Steaks ist die – gekaufte – Kräuterbutter sicher die bequemere Lösung als die köstliche „Sauce béarnaise".

Beide Saucen sind jedoch keine Hexerei, wenn man sich einen Satz einprägt: *Sie dürfen niemals kochen*. Sonst gerinnen sie nämlich wie Butter an der Sonne. Das ist aber auch der einzige Trick, ansonsten können sie auch Koch-Azubis auf Anhieb gelingen.

Für vier Portionen *Sauce hollandaise* braucht man: drei Eigelb, drei Eßlöffel voll Wasser oder trockenen Weißwein und ein halbes Pfund Butter. Die Butter wird vorher in einem Stieltöpfchen erhitzt, so daß sich die Molke unten absetzt. So, und nun kann's losgehen.

Hängen Sie eine Stielkasserolle in einen größeren Topf mit wenig Wasser, und schalten Sie die Herdflamme ein. Das Wasser darf nicht kochen! Eigelb und Wein werden in der Kasserolle mit dem Schneebesen kräftig geschlagen, bis sie fast cremig sind. Erst dann gießt man während des Schlagens immer wieder in kleinen Portionen, damit sich das Ganze gut bindet, die flüssige Butter an. Wird die Crème trotzdem zu heiß, einfach einen rettenden Eiswürfel hineinwerfen. Das ist ein alter Profi-

trick, wenn die Sauce zu zerlaufen droht. Zum Schluß mit Salz, Pfeffer und einem Spritzer Zitronensaft würzen. Mit einem Eßlöffel voll Tomatenmark und ein paar zerzupften Estragonblättchen angefärbt, wird die holländische zu einer *Sauce Choron* und paßt gut zu gedünstetem Fisch und zu Kalbfleisch.

Die *Sauce béarnaise* stammt keineswegs aus dem Schweizer Regierungssitz Bern, sondern aus der Landschaft Béarn in den Pyrenäen. Sie wurde zu Ehren von Heinrich IV. der aus Béarn stammte, zuerst in Paris vorgestellt. Die Béarnaise krönt Steaks, Rinderfilet oder Roastbeef.

Im Prinzip lebt sie von der gleichen Küchentechnik wie die holländische Saucen-Schwester, also von einem halben Pfund geklärter Butter und drei Eigelb. Nur läßt man vorher ein Glas Weißwein mit zwei gehackten Schalotten, etwas Estragon und Petersilie einkochen, bis ungefähr drei Eßlöffel voll übrigbleiben, die man durch ein Haarsieb gießt und dann mit dem Eigelb im Wasserbad wie gehabt mit der flüssigen Butter aufschlägt. Zum Schluß werden noch ein paar gehackte frische Kräuter und eventuell ein paar Tropfen Bratensaft untergemischt.

Ach ja, und wenn man nach der gleichen Technik im Wasserbad drei Eigelb, drei Eßlöffel voll Zucker und sechs Eßlöffel Marsala-Wein aufschlägt, hat man schnell als krönendes Dessert einen *Marsala-Weinschaum* gemixt.

In die Meisterklasse der Sauciers wird jedoch nur aufgenommen, wer mit Fonds arbeiten kann. Der Fond ist ein Thema mit schier unerschöpflichen Variationen. Das Würzkonzentrat wird meistens mit alkoholischen Beigaben eingekocht und dann mit Butter cremig gerührt.

Weiß- und Rotweine eignen sich dazu, auch Port und Madeira, vor allem aber ein trockener Sherry, der sogenannte *Fino*, der feine, trockene.

„**A**lles, was ein zivilisierter Mensch braucht, sind ein oder zwei Glas Sherry vor dem Essen", pflegte der englische Dichter T. E. Eliot zu sagen. Der goldgelbe Lieblingsaperitif der Engländer, aus dem südwestlichen Zipfel Andalusiens stammend, hatte auch hierzulande satte Zuwachsraten zu verzeichnen – seit ihn die feine Saucenküche zur Geschmacksrichtung entdeckte.

Geben wir der Schweizer Kochkünstlerin Elfie Casty das Wort oder, besser gesagt, den Kochlöffel zur Einführung in die hohe Schule der Saucenzubereitung mit Fonds.

Vier Beispiele aus ihrem schier unerschöpflichen Saucenrepertoire haben wir ausgewählt: eine Sauce zum Fisch, eine zu Geflügel und weißem Fleisch, eine zu rotem Fleisch und zu Wild.

Den Anfang macht die

Sherry-Estragon-Sauce ➤

zu gedünstetem oder kurz in Butter gebratenem Fisch sowie zu Hühnerbrüstchen.

Zutaten für vier Portionen	**Zubereitung**
0,25 dl Sherry fino	*Die Weine werden zusammen mit dem jeweiligen Fond auf etwa 0,75 dl eingekocht, mit der Sahne aufgefüllt und nochmals etwas reduziert. Herdplatte abschalten und in kleinen Mengen die kalte Butter einrühren, mit den Gewürzen abschmecken.*
0,25 dl Weißwein trocken	
0,25 dl trockener Vermouth	
1 dl Fisch- oder Geflügelfond	
1,5 dl Crème double oder Sahne	
40 g kalte Butter	
Salz, Cayennepfeffer, ein Spritzer Zitrone, einige Estragonblätter	

Zur Hühner- oder Putenbrust sowie zu Kalbsmedaillons, in Butter gebraten, paßt die

Grüne Pfeffersauce mit Majoran ➤

Zutaten für vier Portionen	**Zubereitung**
0,5 dl Apfelwein	*Der Fond wird mit Apfelwein und Calvados um die Hälfte reduziert und mit Sahne aufgefüllt. Noch einmal etwas einkochen lassen und mit der*
1 TL Calvados	
1 dl Geflügel- oder Kalbsfond	
1,5 dl Crème double oder Sahne	

40 g kalte Butter	*Butter binden. Die Gewürze hinzugeben und, wenn man will, die Sauce durch die abgetropfte Pfanne, in der man das Fleisch gebraten hat, schwenken.*
1/2 TL Senf aus grünem Pfeffer	
1 EL grüne Pfefferkörner	
Salz, Pfeffer, eine Spur Curry	
einige frische Majoranblättchen	

Nun kennen Sie das kleine Einmaleins der hohen Saucenkunst und können beliebig nach eigenem Gusto experimentieren. Zum Beispiel mit

➤ Saucenvarianten in Rotwein

zu kurz gebratenem Rinderfilet oder -lende. Dafür läßt man eine Schalotte, ein paar Karotten und Frühstücksspeck, alles kleingeschnitten, in Butter andünsten, gibt je ein Lorbeerblatt, Thymianzweig, Petersilstengel und einige weiße Pfefferkörner hinzu, füllt mit einem Gläschen Rotwein und etwas Kalbsfond auf und läßt alles um zwei Drittel einkochen. Durch ein Sieb passieren und mit Butter „standfest" rühren. Salzen, pfeffern und beliebig variieren mit grünen Pfefferkörnern und eingeweichten Rosinen oder Trüffelscheiben oder in Butter gedünsteten Pfifferlingen.

Noch einfacher ist die

➤ Wildsauce mit Holunder

zu Rehmedaillons oder Rehrücken.

Man kocht ein Gläschen Rotwein mit zwei Gläschen Wildfond und etwas rotem Portwein um zwei Drittel ein, gibt einen Eßlöffel voll Holundergelee dazu und läßt das Ganze sirupartig eindicken. Vorsichtig mit Salz und Pfeffer würzen und die Sauce durch die abgetropfte Bratpfanne oder den Bratentopf schwenken.

Fonds für feine Saucen

Bestellen Sie bei Ihrem Metzger jeweils ein bis zwei Kilo gehackte Knochen und Fleischabfälle vom Kalb *oder* Geflügel *oder* Wild vor, bzw. beim Fischhändler ein Kilo Gräten und Abfällen von Steinbutt, Seezunge etc.

Braten Sie das jeweilige Knochen- und Reste-Material in etwas Butter (bei Wild in etwas Öl) in einem Bräter zusammen mit einem Bund gehacktem Suppengrün und einer Zwiebel bei starker Hitze im Backrohr an. Löschen Sie nach ca. fünf Minuten das Ganze mit einem Viertelliter trockenen Weißwein (bei Wild mit Rotwein) ab, und lassen Sie den Topfinhalt kalt werden. Füllen Sie nun die Knochensuppe in einen hohen Topf um, gießen Sie zwei Liter Wasser an, und lassen Sie das Ganze vier Stunden köcheln. Zwischendurch abschäumen. Die Knochensuppe wird dann durch ein feinmaschiges Sieb geseiht und durch die verbleibende Flüssigkeit auf knapp einen halben Liter in einem offenen Topf eingekocht. Portionsweise in kleinen Joghurtbechern oder im Eiswürfelbehälter einfrieren.

Seit 1988 gibt es diverse Fonds auch fertig im Glas.

Spargel

ist Spitze

Es gibt Leute, die können davon drei Pfund auf einen Sitz verputzen. Mit triefenden Fingern, genüßlich saugend wie ein Baby an der Mutterbrust.

Keine Frage: Sie haben etwas Sinnlich-Animalisches an sich, diese bleichen, zartköpfigen Stangen aus der Familie der Liliengewächse – Spargel.

Vom 15. April bis zum letzten Stichtag vor Johanni (24. Juni) dauert in deutschen Landen die spargelsüchtige und -selige Zeit. Dann können wir auch auf den Tellern den Winter vertreiben mit seinen Kohl- und Krautköpfen.

Als Kind habe ich nie verstanden, warum die Erwachsenen angesichts der weißlichen Stangen gierige Augen bekamen. Mir machten sie immer Ärger, weil man ihnen beim Essen (damals noch) nicht mit dem Messer zu Leibe rücken durfte.

Außerdem verstieß meine Mutter, wie viele sparsame Hausfrauen, gegen die Grundregel eines jeden Spargelgenießers: Sie schälte die teuren Dinger mit der Behutsamkeit eines Schönheitschirurgen. Mit Hilfe eines Spargelschälers, der auch heute vielfach noch sein Unwesen in deutschen Küchenschubladen treibt. Das Ergebnis schmeckte (und schmeckt) wie nasses Stroh: faserig.

Spargel gehört nun mal nicht in die Hände von Sparsamen. Er will verschwenderisch geschält sein, mit einem scharfen Küchenmesser. Dann ist er richtig. Und man muß ihn mit den Fingern auflutschen dürfen, inklusive lustvoller Schmatzgeräusche. Ein gutes Pfund pro Kopf – das ist, wie die Hamburger sagen, „Spargel satt".

Schon bei den Ägyptern galt Spargel als Delikatesse. Deshalb wurde er als Opfergabe in die Grabkammern gelegt. Allein vom Nährwert her läßt sich das kaum erklären. Denn viel ist nicht dran an den schlanken Stangen. Sie bestehen zu 95 Prozent aus Wasser (wirken auch leicht entwässernd) und haben erfreulich wenig Kalorien (pro 500 Gramm 95 kcal/397 Joule).

Die antiken Griechen gaben dem zarten Gewächs den Namen „asparagos" der „nicht Gesäte". Weil es sich beim Wurzelstock des Spargels um einen Wildwuchs handelt. Was so gut schmeckt, sind die Seitentriebe. Das wuschelige grüne „Haupthaar" kann man höchstens für Blumenbuketts verwenden (Spargelkraut).

Im Jet-Zeitalter gibt es Spargel rund um die Jahresuhr. Im Winter kommt er aus Kalifornien und Südafrika. Die Spanier, Griechen, Italiener und Franzosen liefern anschließend. Die Farbpalette des Spargels reicht von Blau über Grün bis zum vornehmen Weiß der deutschen Sorten. Sie sind das zeitliche Schlußlicht im Frühjahr.

Die Farbe allein sagt allerdings wenig über die Qualität aus. Der weiße Spargel wurde lediglich bereits im Mutterboden gestochen, der blauköpfige hat sich schon ein paar Zentimeter ans Tageslicht geschoben, und der grüne ist vollends aus dem Erdreich herausgewachsen. (Er schmeckt ,,gemüsiger'' und eignet sich besonders gut als Beilage oder Vorspeise.)

,,**D**as einzige Qualitätsmerkmal, das beim Spargel zählt, ist die Frische. Deshalb sollte er möglichst innerhalb von 24 Stunden nach dem Stechen auf den Tisch kommen. Die Schnittflächen müssen beim Kauf noch feucht sein. Ich ziehe die fingerdicken Stangen der deutschen A-1-Qualität vor. Dünne Stangen sind nämlich oft holzig und die ganz dicken manchmal innen hohl.'' Das sagt Deuschlands Spargel-Gastronom Nummer eins, Egon Eberhardt.

In sein Restaurant ,,Rad'' in Tettnang am Bodensee (Telefonnummer 0 75 42 / 5 40-0) pilgern Jahr für Jahr Tausende von Spargel-Gourmets. An manchen Wochenenden werden in den gemütlich-rustikalen Räumen der ehemaligen Posthalterei bis zu zehn Zentner Spargel von den ,,Süchtigen'' verputzt!

66 Spargelgerichte bietet Egon Eberhardt an. Dazu gibt es 47 Beilagen. Das ergibt 3102 Kombinationsmöglichkeiten! Einer allein kann das nie durchprobieren. ,,Streichen darf ich trotz-

dem nichts'', sagt der Spargel-König. ,,Vor Jahren wollte ich mal das Gericht Nummer 29 aufgeben, das mit der bitteren Schokoladensauce. Was glauben Sie, was da los war!''

Gemeinsam mit Egon Eberhardt habe ich das Hausarchiv durchstöbert, in der Küche gemixt, gedünstet, überbacken abgeschmeckt. Immer auf der Suche nach neuen originellen Rezepturen für den König unter den Liliengewächsen. Dabei kam Spargel mal vier heraus, einmal klassisch, einmal lukullisch, einmal ,,nouvelle'' und einmal bürgerlich nach Art des Hauses.

Die russische Kaiserin Maria Feodorowna stand beim ,,Spargel klassisch'' Pate. Als Gräfin Romanow war sie 1883 im ,,Rad'' abgestiegen. Ihr zu Ehren gab es und gibt es noch heute:

Spargel Gräfin Romanow

Zutaten für vier Personen

2 kg Spargel
8 Artischockenböden (frisch oder aus der Dose)
1 kleines Glas roter Kaviar
1 kleines Glas schwarzer Kaviar (auch von Lachs oder Forelle)

Zutaten für die Sauce Hollandaise

3 Eigelb
1 EL kaltes Wasser

Zubereitung

Während der Spargel kocht und die Artischockenböden in Salzwasser gedünstet oder im Dosensud erwärmt werden, schlägt man die Sauce Hollandaise im Wasserbad auf.
Dazu bringt man Wasser zum Kochen, schaltet die Hitze zurück, bis die Wasseroberfläche glatt ist, hängt einen kleineren Topf hinein und ver-

250 g Butter, in kleine Würfel geschnitten
1 TL Zitronensaft
Cayennepfeffer, weißer Pfeffer, Salz

quirlt darin mit einem Schneebesen Eigelb und Wasser. Die Butterstückchen werden nach und nach unter ständigem Quirlen hinzugegeben. (Droht die Sache zu gerinnen, einen Eiswürfel hineinwerfen.) Sobald die Sauce cremig ist, mit Zitronensaft, den Pfeffersorten und Salz abschmecken.
Den Spargel auf vier vorgewärmte Teller verteilen, je zwei Artischockenböden draufsetzen, mit der Sauce Hollandaise übergießen und auf die Artischocken abwechselnd einen Klacks roten und schwarzen Kaviar geben.

Ohne Kaviar und Artischocken haben Sie das klassische deutsche Grundrezept: Spargel mit Sauce Hollandaise. Mit Schinken und Pellkartoffeln als Beilage ist das eine weitere Variante.

Etwas tiefer in das Hauhaltsbudget greifen muß man für die Neuschöpfung

Spargel Gourmet

Zutaten für vier Personen	Zubereitung
3 Langustenschwänze (roh) oder 8 King-Prawn-Schwänze (roh) *40 g Butter* *2 cl Cognac* *40 bis 50 g Mehl* *2 dl heiße Bouillon (aus gekörnter Brühe)* *1 Eigelb* *3 EL flüssige Sahne* *Pfeffer, Salz, Zitrone, Worcestersoße* *2 kg Spargel* *1 schwarze Trüffel (Dose)*	*Die Langustenschwänze grob würfeln, in heißer Butter etwa drei Minuten lang anbraten, mit Cognac ablöschen und mit Mehl bestäuben. Die heiße Bouillon hinzugeben und leicht aufköcheln lassen. Inzwischen Eigelb und Sahne in einer Tasse verquirlen und damit die Sauce binden. Sie darf jetzt nicht mehr kochen! Zum Schluß mit reichlich Pfeffer, etwas Salz, Zitronensaft und Worcestersoße abschmecken.* *Dieses Ragout wird über die Köpfe des gekochten Spargels verteilt und – als Clou – mit hauchdünnen Trüffelscheiben garniert.*

Dem Frühjahrs-Kräutergarten angepaßt ist der

➤ Spargel mit Schinkenmousse und grüner Sauce

Zutaten für vier Personen
3 Blatt weiße Gelatine
3 cl Madeira
1/4 l süße Sahne
150 g gekochter Schinken (ohne Fett)
Pfeffer
1 TL gehackte Petersilie

Zutaten für die Sauce
180 g Butter
30 g Mehl
0,5 l Spargelsud
je 1 Bund Kerbel, Estragon, Kresse, Petersilie
Salz, Pfeffer
2 Eigelb
1 dl süße Sahne
2 kg Spargel

Zubereitung

Die Schinkenmousse kann man schon bis zu 24 Stunden vorher zubereiten. Die Gelatine mit Madeira erwärmen und auflösen, die Sahne steif schlagen, den Schinken in Würfel schneiden und durch den Fleischwolf drehen. Die Schinkenmousse gut pfeffern, die feingehackte Petersilie dazugeben, die aufgelöste Gelatine einrühren und die Sahne unterheben. Zudecken und im Kühlschrank erstarren lassen.

Die Sauce wird erst zubereitet, wenn der Spargel kocht. Butter und Mehl verkneten, in einem Stieltöpfchen zerlaufen lassen, den heißen Spargelsud aus dem Topf nebenan „abzweigen“, damit die Sauce glattrühren und einige Minuten sanft köcheln lassen.

Inzwischen die Kräuter im

Mixer zerkleinern, durch ein feines Tuch pressen und den Saft auffangen. Damit die Sauce würzen. Den Topf von der Herdplatte nehmen. Die Sauce mit Salz und Pfeffer abschmecken. Zum Schluß die verquirlten Eigelbe mit Sahne unter die Sauce ziehen.

In diesem Fall kommt die Sauce zuerst auf die (vorgewärmten) Teller, darauf wird der Spargel verteilt, und als Krönung werden kleine Klößchen von der Schinkenmousse (einfach mit einem Löffel abstechen) auf den Spargel gesetzt.

Egon Eberhardts Hausrezept stammt natürlich aus der schwäbisch-alemannischen Küche:

Spargel „Egon Eberhardt"

Zutaten für vier Personen
1 1/2 kg Spargel
2 Eier
1 dl Milch
4 Tomaten
100 g geriebener Emmentaler

Zubereitung

Den geschälten Spargel mit reichlich Wasser (einen Liter müssen Sie später abzweigen) zum Kochen bringen. Aus den Eiern und der Milch einen „Flädle"-Teig verklep-

Zutaten für die Butter-Rahm-Sauce

100 g Butter
5 gehäufte Eßlöffel Mehl
1 l Spargelsud
Zitrone, Worcestersoße, gekörnte Brühe, Salz
1 dl süße Sahne
2 Eigelb

pern und in einer beschichteten Pfanne vier hauchdünne Pfannküchlein backen.
Für die Sauce in einem größeren Topf die Butter zerlaufen lassen, das Mehl einrühren und nach und nach mit einem Liter Spargelsud glattrühren. Zehn Minuten köcheln lassen und mit den Gewürzen abschmecken. Mit einer ,,Liaison'', zusammengerührt aus Sahne und Eigelb, binden.
Zum Schluß wird der Spargel in vier Portionen geteilt, die jeweils in ein ,,Flädle'' gehüllt werden. Diese Pfannkuchen nebeneinander in eine große feuerfeste Form schichten, mit der Sauce übergießen und mit den gehäuteten, gewürfelten Tomaten sowie dem geriebenen Emmentaler bestreuen. Zehn Minuten bei Oberhitze überbacken.

Allzu lange im verborgenen geblüht hat bei uns der grüne Spargel aus Frankreich oder Italien. Dieses bleistiftdünne Gemüse kann man im Handumdrehen als ,,schnelle Stange'' vorweg oder zwischendurch servieren. Arbeitsaufwand minimal, Erfolg maximal – das ist unsere ,,kühle'' Schlußnote:

Grüner Spargel mit Basilikum-Vinaigrette ➤

Pro Kopf 200 g grünen Spargel mit einem scharfen Messer nur leicht abschaben und wie Gemüse dünsten. Inzwischen eine Vinaigrette zusammenrühren aus drei Eßlöffeln Balsamico-Essig, neun Eßlöffeln kaltgepreßtem Olivenöl, 50 g frischem Parmesan (gerieben oder gehobelt), einem hartgekochten Ei, sechs Basilikumblättern (in Streifen geschnitten), Salz und Pfeffer aus der Mühle. Die Vinaigrette über den noch lauwarmen Spargel geben. Dazu Stangenweißbrot servieren.

So werden Spargelträume gar ➤

Pro Kopf 500 Gramm Spargel sehr großzügig und mit einem scharfen Küchenmesser schälen. Die Spargelabfälle als „Unterlage" in einen länglichen (Brat-)Topf schichten. Mit reichlich Wasser auffüllen, mit Zitrone, etwas Salz und einer Prise Zukker würzen.

Das Ganze zum Kochen bringen und den Spargel liegend einschichten. Den richtigen Garpunkt erwischen Sie (der Spargel sollte noch „Biß" haben), wenn Sie zwischendurch eine Probestange herausfischen. Da Spargel unterschiedliche Garpunkte hat (zwischen 15 und 35 Minuten), ist das Probieren unerläßlich. Nach der Garzeit den Spargel mit einem Schaumlöffel herausnehmen und auf einer Stoffserviette oder einem Geschirrtuch abtropfen lassen. Den Sud später abseihen, noch etwas einkochen und einfrieren. Daraus können Sie mit Sahne, Eigelb, Salz, Pfeffer und Muskat eine köstliche Spargelcremesuppe herstellen.

Terrinen und Pasteten

schichtweise zum Genießerglück

„Die Pasteten sind in unseren Hauptstädten Gegenstand eines wahrhaft ärgerlichen Luxus!"

Stammt dieser mißbilligende Satz von einem Puritaner des vorigen Jahrhunderts oder von einem Konsumverweigerer der heutigen Edelfreßwelle?

Ersteres ist richtig, letzteres wäre durchaus möglich.

Was der Historiker Carl Friedrich von Rumohr bereits vor 155 Jahren über den „ärgerlichen Luxus" rund um die Pastete schrieb, war schon immer und ist heute wieder hochaktuell.

Es kocht und dampft auch in unserer Pastetenküche luxuriös rund um Hummer, Lachs und Gänseleber. Das häßliche Adjektiv „ärgerlich" beim Luxus würde ich allerdings ersatzlos streichen. Pastetenbacken setzt nämlich für meine Empfindungen ganz tolle Emotionen frei: Es fordert den Spieltrieb und fördert kreatives Formen, es ist spannend wie ein Krimi (weil nur *ich* weiß, was drin ist), und beeindrucken kann man damit auch.

„**W**er Pasteten *ißt*", schreibt Gourmet-Autor Franz Wesel, „zelebriert sublime Lebensart." Wer Pasteten *backt*, finde ich, zelebriert einen eleganten Drahtseilakt zwischen Kunst und Kochen. Erfolgserlebnisse, hausgemacht.

Vergessen muß man bei den Pasteten nur die Kalorien- und Cholesterinängste. Sünden sollte man nicht rationieren.

Ich halte es da mit dem Küchenchef von Friedrich dem Großen. Als sich der Alte Fritz, der Pasteten über alles liebte, seufzend bei seinem Chefkoch Noel mit den Worten beschwerte: „ . . . aber diese Pasteten werden uns noch in die Hölle bringen!" – antwortete der Pfiffikus Noel: „Majestät, wir scheuen beide das Feuer nicht!"

Ob Pastete oder Paté, ob Pasticcio oder Pie, der internationale Begriffsreigen um ein teigumhülltes Geheimnis wurzelt im alten Hellas. Schon 500 Jahre v. Chr. notierte dortselbst eine Art antiker Versuchskoch mit Namen Epainetos so etwas wie eine Ur-Pastete aus Fleisch, Käse, Honig, Essig, Würzkräutern und Blut.

Der „Hamburger der Antike" wurde sogar in den Amphitheatern feilgeboten. So weit sind wir also heute gar nicht entfernt. Nur die Verfeinerung, die Pastetenkunst, die benötigte ein paar Jahrhunderte. Das finstere Mittelalter dürfen wir dabei getrost ausklammern. Da wurde nicht gegessen, da wurde gefressen. Quantität statt Qualität, hieß das Gastro-Motto.

Erst als das Licht der Antike in der Renaissance wieder angeknipst wurde, trieb auch die Eßkultur neue Blüten. Mit Katharina von Medici natürlich, die nach ihrer „französischen Hochzeit" im Jahre 1533 auch die neuen Untertanen aus dem kulinarischen Niemandsland holte. Zusammen mit ihren italienischen Hofköchen brachte sie den Franzosen mediterranen „buon gusto" bei.

Ob's noch guter Geschmack war, was sich daraus entwickelte? Mit unendlichem Pomp und riesigen Pastetengebilden jubelte der Adel bei höfischen Gelagen das Essen zur Show von Macht und Moneten hoch. Das Kochbuch des „Hoch-Fürstlich-Salzburgischen Stadt- und Landschafts-Koch" Conrad Hegger aus dem Jahre 1719 zum Beispiel gibt allein 190 Anweisungen zur Errichtung „hoher Paradefiguren" aus Pastetenteig.

Da ruhen lebensgroße Pfauen und Schwäne auf komplizierten Halterungen, besteckt und garniert mit ihrem natürlichen Federkleid. Da springen naturgetreue Steinbockfiguren über Pasteten-Berggipfel. Durch komplizierte Mechanismen in den Hohlräumen läßt man aus Schloßtürmen Orangenwasser sprudeln und nackte Kinderfiguren Rosenwasser pinkeln . . .

Walt Disney war ein Kreativ-Würstchen gegen die damaligen Kunsthochschulen des Pastetenbackens. Vergessen sind sie heute fast alle, die Traumlandbäcker der Reichen. Bis auf den Straßburger Pastetenbäcker Jean-Pierre Clause. Er schenkte der Nachwelt (im Jahre 1780 übrigens) die Straßburger Gänseleberpastete. Jene Delikatesse, die noch heute den kulinarischen Ruf der Elsaß-Metropole ausmacht. Genaugenommen, sind es überwiegend Terrinen, die hier vom Rhein in alle Winkel der Erde exportiert werden.

Pastete oder Terrine? Der Unterschied besteht eigentlich nur in der „Verpackung". Pasteten sind von einem Teigmantel umhüllt, Terrinen sind ringsum „ohne" (oder höchstens von einem Kleid aus Speckscheiben bedeckt).

Küchentechnisch leichter sind die Terrinen. Aber bei beiden kommt's mehr auf den Inhalt an als auf die Verpackung!

Weltweit berühmt für ihre Gänseleber-Terrinen wurden die Brüder Haeberlin in Illhaeusern, auf halbem Weg zwischen Straßburg und Colmar. Der bezaubernde Landgasthof am Ufer des romantischen Flüßchens Ill gelegen, ist seit Jahrzehnten das Mekka der *Foie-gras*-Gourmets zwischen New York und München. Die Haeberlins verraten das Rezept ihrer

➤ Getrüffelten Gänseleber-Terrine

zwar freiwillig und gern. Die Schwierigkeit für uns, diesseits des Rheins, besteht allerdings in der Beschaffung einer rohen Gänsestopfleber (die aus Ungarn oder Israel importierten sind übrigens auch sehr gut). Bei vielen Feinkosthändlern kann man sie vorbestellen. Natürlich reißt dieses Luxusprodukt ein großes Loch in die Haushaltskasse. Das ist also wirklich nur eine Delikatesse für ganz große Anlässe. Mit etwas Friséesalat und Aspiksülze garniert, reicht dieser Gaumenkitzel allerdings auch für acht Personen als Vorspeise.

Zutaten
1 rohe Gänsestopfleber (ca. 800 g)
3 cl Portwein
3 cl Madeira
1 große schwarze Trüffel
15 g Salz
1 TL fertiges Pastetengewürz
100 g Gänseschmalz

Zubereitung

Schneiden Sie die Leber auf, und entfernen Sie vorsichtig alle kleinen Sehnen und Äderchen, auch den (grünen) Sitz der Galle. Salz und Pastetengewürz mischen und die Leber gründlich damit einreiben, mit Madeira und Portwein beträufeln und zum Schluß die Leber 24 Stunden in den Kühlschrank stellen.

Am nächsten Tag preßt man die Masse fest in eine passende Terrinenform aus Porzellan oder Keramik (es dürfen keine Lufträume entstehen!), schneidet sie der Länge nach ein und drückt die in Scheiben geschnittenen Trüffel hinein.

Die Terrine wird in ein größeres Gefäß gesetzt, bis unter den Rand mit heißem Wasser gefüllt und im Backofen bei 150° rund 40 Minuten gegart. Herausnehmen, abkühlen lassen, mit dem verflüssigten Schmalz „abdichten" und (bis zu zwei Wochen) im Kühlschrank aufbewahren.

Zum Servieren wird die Leberterrine in Scheiben geschnit-

ten und mit Preiselbeerkompott und/oder Friséesalat und Aspikwürfeln garniert.

Eine preiswerte ländliche „Schwester" der edlen *Foie-gras*-Terrine serviert man im benachbarten Burgund. Hier wird die teure Stopfleber durch einfache Hühner- und Gänseleber ersetzt – was nicht nur den Tierschützern, sondern auch dem Geldbeutel entgegenkommt.

➤ Geflügelleber-Terrine mit Tomatenkompott

ist ein Multi-Gericht. Man kann es als Vorspeise servieren, auf einem Party-Buffet dekorieren oder einfach mit Stangenweißbrot als Snack zu einem Glas Wein offerieren.

Zutaten für acht bis zehn Personen	Zubereitung
500 g Hähnchenleber	*Die gewürfelten Lebern mit den Kräutern im Mixer fein pürieren (eventuell durch ein Sieb streichen, wenn noch Sehnen in der Masse sind).*
500 g Gänseleber	*Nun das Mehl mit der Milch verrühren, den Mixer wieder anstellen und alle weiteren Zutaten – außer den Pfefferkörnern – unter die Masse quirlen.*
4 Eier	*Eine Terrinenform mit der Butter ausfetten, die Farce einfüllen, die Pfefferkörner*
4 Eigelb	
150 g Crème fraîche	
1 EL grüne Pfefferkörner	
1 Bund Petersilie	
1 TL Majoran	
1 cl Cognac	
1/4 l Milch	
50 g Mehl	
1 TL Butter	
Salz, Pfeffer aus der Mühle	

Für das Tomatenkompott
4 Fleischtomaten
1 Schalotte, gehackt
1 Spritzer Tabasco
1 knapper TL Salz
1 EL weißer, trockener Wermut
zum Dekorieren 1 Bd. Basilikum

gleichmäßig einrühren und zum Schluß einen Deckel aufsetzen (oder mit Folie abdichten).

Die Form in ein größeres Gefäß setzen, bis kurz unter den Rand mit heißem Wasser füllen und im Backofen bei 180° rund eine Stunde garen. Nach dem Auskühlen die Terrine im Kühlschrank aufbewahren.

Auch das Tomatenkompott ist leicht vorzubereiten, indem man die Tomaten häutet, halbiert, grob die Kerne entfernt und alle Zutaten im Mixer püriert. Zum Servieren gießt man etwas Tomatenkompott auf die Teller, legt je eine Scheibe Leberterrine darauf und garniert den Rand mit ein paar Blättern Basilikum.

Für Gemüse-Freaks und Diät-Apostel hat die neue leichte Küche eine Fülle von Ideen parat. Eine „tolle Terrine" – für Augen und Gaumen – hält im Münchner „Tantris" Heinz Winkler parat.

Das Rezept erfordert zwar kein Kochdiplom, aber etwas Zeitaufwand. Dafür bekommen Sie eine „Bilderbuchterrine", hübsch und bunt wie eine Farbcollage.

Im „Tantris" wird die Terrine mit ein paar Feldsalat- und roten Radicchioblättern garniert, die mit zwei Löffeln voll Vinaigrette (aus Nußöl, Aceto balsamico, Salz und Pfeffer) übergossen und mit gerösteten Brotwürfelchen gekrönt sind. Ein Vorspeisenknüller, wenn gaumenverwöhnte Gäste kommen!

➤ Bunte Gemüseterrine „Tantris"

Zutaten für acht bis zehn Personen
100 g Artischockenböden (Dose)
100 g Keniabohnen
250 g Zucchini
250 g Karotten
150 g Gänseleberparfait (Konserve)
1 schwarze Trüffel
1 l klare Rindsbouillon
10 Blatt weiße Gelatine
1 TL Salz
Außerdem braucht man noch eine ca. 25 cm lange Terrinenform, egal aus welchem Material.

Zubereitung

Schneiden Sie die Artischockenböden und die Trüffel in Scheiben, und legen Sie diese auf getrennte Tellerchen. Mit dem anderen Gemüse verfahren Sie jetzt ähnlich. Jede Sorte wird geputzt, drei Minuten in Salzwasser knackig gekocht, während Sie das nächste Gemüse putzen. Zum Schluß haben Sie fünf Tellerchen mit Gemüsescheiben.

Nun die Rindsbouillon erhitzen und die Gelatine darin auflösen, salzen. Mit der noch warmen Flüssigkeit gießen Sie die Terrinenform etwa einen Zentimeter hoch auf und stellen die Form in den Kühlschrank (oder kurz ins Dreisternefach).

Nun kommt die Kreativarbeit:

Auf die erstarrte Bodenschicht betten Sie die Zucchini (alle Gemüse mit dem Schöpflöffel vorher in die noch flüssige Gelatine tauchen, damit die Terrine beim Schneiden nicht auseinanderfällt), nun wieder eine Schicht flüssige Gelatine angießen und die Form zurück in den Kühlschrank stellen. Als nächstes kommen – je nach Fantasie – die Karotten dran und wieder eine Geleeschicht darüber. Dann das in Scheiben geschnittene Gänseleberparfait, darauf die Trüffel, wieder eine Gelatineschicht und so weiter. Bis alles Gemüse aufgebraucht ist. Zum Abdichten gießt man eine weitere Gelatineschicht an.

Die Terrine kann man bis zu zwei Wochen im Kühlschrank aufbewahren. Vor dem Servieren wird sie mit einem sehr scharfen Messer vorsichtig in Scheiben geschnitten.

So unproblematisch eine ,,Terrine aus dem Garten'' ist, so problematisch wird sie, wenn sie aus ,,Früchten des Meeres'' stammt. Fisch-Terrinen verlangen keine Kochkünste – aber ein fangfrisches Grundprodukt. Sobald es ,,fischelt'', rebellieren die Geruchsnerven.

Auch die Binnenländer profitieren heute in Sachen Fisch vom dichtgewebten Flugnetz. Fragen Sie dennoch Ihren Händler nach dem kürzesten Anlieferungstermin. Der fällt nämlich meistens *nicht* auf den traditionell fleischlosen Freitag! Aus Frankreich, zum Beispiel, ,,fliegen'' die Fische meistens schon am Mittwoch ein. Und selbst zur Terrine verarbeitet, würde ich einen Fisch nicht länger als 24 Stunden im Kühlschrank aufbewahren.

Der Lachs von den irischen, schottischen oder skandinavischen Küsten ist in den letzten zehn Jahren auch bei uns zum silbrig glänzenden Star der feinen Küche geworden. Selbst in Irland, wo ein Feinschmecker normalerweise kaum im siebten kulinarischen Himmel schwebt, sind die Lachsgerichte immer ein Gedicht.

Im ,,Parkhotel'' von Kenmare – einem der wenigen ,,Michelin''-besternten Restaurants auf der ,,grünen Insel'' – habe ich eine flaumig-leichte, köstliche

➤ Lachs-Terrine mit Erbsenmousse

gegessen, die auch zu Hause mit einem wirklich ganz frischen Lachs leicht nachzukochen ist.

Zutaten für acht bis zehn Personen

400 g frischer Lachs, filetiert

Zubereitung

Der Lachs wird in Streifen geschnitten und sehr fein ge-

6 Eier
500 g Perlerbsen, kurz gedämpft (notfalls aus dem Glas)
4 EL Crème fraîche
1 Schachtel Kresse
1 Bund Petersilie
1 Bund Schnittlauch
1/2 TL süßes Paprikapulver
Salz, Pfeffer aus der Mühle
1 EL Butter

würfelt, dann mit der Hälfte der Crème fraîche, drei Eiern, Paprikapulver, Salz und Pfeffer schnell und locker zusammengerührt. Die Erbsen werden im Mixer zusammen mit den zerzupften Kräutern püriert, bis eine glatte Mousse entsteht. Nun die restliche Crème fraîche und drei Eier zur Mousse geben, salzen, pfeffern und noch einmal durchmixen.

Eine Terrinenform mit Butter ausstreichen, zuerst die Hälfte der Lachsmasse hineingeben, darüber die Erbsencreme und zum Schluß den Rest des Lachses. Mit Folie abgedeckt, wird die Form in ein größeres Gefäß mit Wasser gesetzt und im Backofen bei 180° eine knappe Stunde gegart. Später im Kühlschrank aufbewahren.

Zur Dekoration kann man einen Klacks Crème fraîche mit roten Kügelchen vom Keta-Kaviar auf den Teller geben – muß aber nicht sein.

Um *Pasteten* aus der eigenen Küche habe ich jahrelang gedanklich einen großen Bogen gemacht. Erstens, weil mir der Begriff „Teigmantel" nackte Produktionsängste einflößte und zweitens, weil mir die Pastetenküche meiner fabelhaft kochenden Großmutter stets als unerreichbar erschien.

In dem schon damals „weltbekannten und allgemein beliebten" Kochbuch der Henriette Davidis finden sich in gestochen scharfer Sütterlinschrift die Anmerkungen meiner Großmutter besonders zahlreich im Kapitel „große Pasteten".

Nachdem uns die moderne Tiefkühltechnik vorgefertigte Teigsorten beschert hat, sind auch meine Produktionsängste geschwunden. Warum also nicht in die Schatztruhe überlieferter Rezepte greifen und sie mit modernen Mitteln vereinfachen?

Die

➤ Schinkenpastete Davidis

schmeckt prima zum Glas Wein oder Bier am Abend. Mit gemischtem Salat wird sie zur Hauptmahlzeit für vier Personen, sonst ein Party-Snack für acht Personen.

Zutaten	Zubereitung
150 g gekochter Schinken, dünn geschnitten	*Den Speck und das Schweinsfilet in sehr kleine Würfelchen schneiden und mit zwei verquirlten Eiern, Salz, Paprika und Weinbrand mischen. Die in Wasser eingeweichten und ausgedrückten Brötchen*
200 g frischer Speck	
400 g Schweinsfilet	
3 Eier	
2 Brötchen	
1 EL Weinbrand	

1 TL gehackte Zwiebel
1 TL gehackte Petersilie
1 TL Paprikapulver
1/3 TL Salz
60 g Butter
1 Paket Tiefkühlblätterteig

zusammen mit Zwiebeln und Petersilie 5 Minuten in der Hälfte der Butter anrösten und zur Fleischmasse geben.
Vier Schnitten Blätterteig auftauen lassen. Je zwei Schnitten, auf einer bemehlten Unterlage so aneinanderliegend, daß die beiden Längsseiten leicht überlappen, auf ein Rechteck von 25 x 15 cm ausrollen. Das Ganze noch mal mit den beiden nächsten Schnitten.
Die erste Teigdecke vorsichtig auf ein gefettetes Backblech legen. Wechselweise Fleischmasse und Schinkenscheiben übereinanderschichten (2 cm vom Teigrand freilassen). Das dritte Ei trennen und den Teigrand mit Eiweiß bestreichen. Die zweite Teigdecke auflegen, die Ränder fest zusammendrücken. Mit einer Stricknadel mehrfach einstechen. Zum Schluß die Pastete mit Eigelb bestreichen.
Im vorgeheizten Backofen bei 180° rund eine Stunde goldbraun backen lassen. Heiß, lauwarm oder kalt servieren.

Wild

im Visier

,,Wer den Wald erhalten will und den Lebensraum des Wildes, der kommt am Thema Jagd nicht vorbei'', sagt der Forstmeister Karl Mitterhauser und schultert seine einläufige Flinte.

Cassy, die honigfarbene Hündin, umtänzelt uns aufgeregt. Schweigend beginnen wir mit dem Aufstieg im 2000 Hektar großen Staatsforst am Tiroler Rettenstein. Karl Mitterhauser hat hier letzte Woche einen Vierzehnender Kronenhirsch erlegt. ,,Seit Menschengedenken die schönste Jagdtrophäe in diesem Gebiet'', stand in der Zeitung. Heute steigt er mit seinen Gästen zur Gamsjagd auf.

Nach 200 Höhenmetern pfeife ich aus den Lungen wie ein alter Wasserkessel. Oder ist es die falsche Bambi-Romantik, die ich als Riesenbürde mit mir hochschleppe? Diese Mär vom bösen Jägersmann, der aus reiner Lust am Töten die niedlichen kleinen Rehlein gleich reihenweise umbringt?

Karl Mitterhauser lächelt nachsichtig, malt mir das Bild einer ungehemmten Wildvermehrung aus, wenn der Mensch nicht eingreife, die Trostlosigkeit eines kahlgefressenen Waldes.

,,**W**ir sind Jäger *und* Heger zugleich. Das Gesetz schreibt uns genau vor, was wir zur gesunden Arterhaltung tun müssen.'' In Mitterhausers Revier sollen (und müssen) in diesem Jahr 34 Rehe, 20 Gemsen und 16 Stück Rotwild erlegt werden. Insgeheim hoffe ich trotzdem, daß dem Jäger heute nichts vor die Flinte kommt . . . Wir reden über Wild und Wildrezepte. ,,Mir ist ein einjähriges Stück am liebsten'', sagt Karl Mitterhauser.

Drunten im Forsthaus kommt das ganze Jahr über Wild auf den Tisch. Die moderne Tiefkühltechnik macht's möglich. ,,Ich finde, daß Wildfleisch durch Einfrieren sogar noch besser wird, mürber und zarter'', sagt der Forstmeister.

Wenn sich die Männer im grünen Loden unterhalten, verstehe ich kaum etwas. Vom Verfegen der Latschen durch die Ricken ist die Rede, vom Verbeißen der Kiefern. Fünftausend eigene Wortschöpfungen hat angeblich die Weidmannssprache.

Walter Henkels, der Bonner Polit-Kolumnist, hatte das einst in den humorigen Satz verpackt: ,,Es röhrt der Hirsch, es setzt die Ricke, es ranzt der Fuchs, es rauscht die Sau, es frischt die Bache.''

Die Jagd gehört zu den ältesten Formen der Nahrungsgewinnung. So steht's lapidar im Brockhaus. Etwas Archaisches haftet der Sache sicher an.

In der Steinzeit zog man noch zu Fuß mit Wurfspeeren los, vor 4500 Jahren dann mit dem Streitwagen. Artemis, die Lieblingsgöttin der alten Griechen, war gleichzeitig Göttin der Jagd *und* Beschützerin der Tiere. Während der Jagd wurden Politik gemacht und Weltereignisse versäumt.

Als beispielsweise am 14. Juli 1789 das Signal zur französischen Revolution ertönte, jagte Ludwig XVI. gerade stundenlang vergeblich einem Hirsch hinterher. Daß er anschließend in sein Tagebuch das bedeutungsvolle ,,rien'' (nichts) schrieb, wurde angesichts der turbulenten Pariser Ereignisse zum Hintertreppenwitz der Weltgeschichte.

Eine der klügsten und immer noch aktuellsten Bemerkungen zur Jagd machte sicher Reichskanzler Bismarck: ,,Es wird niemals so viel gelogen wie vor der Wahl, während des Krieges und nach der Jagd.''

Da oben am Rettenstein hocken wir inzwischen mit den beiden Jägern hinter einer schützenden Latschenkiefer. Ich äuge mit den Sehern, pardon, ich sehe mit den Augen, wie drüben zwei Gemsen aus dem schützenden Schatten treten.

Langes Anvisieren, dann fällt der Schuß. ,,Ein Blattschuß!'' lobt Karl Mitterhauser. ,,Weidmannsheil!'' Die beiden Männer ziehen in komischem Ernst ihre Hüte. Mir ist es etwas mulmig zumute, als wir uns dem jungen Kitz nähern. Aber hier oben in der freien Natur hat es nichts Unangenehmes oder gar Ekelerregendes, als Karl Mitterhauser das Tier sauber „aufbricht" und ausweidet.

Ich werde (und habe) auch nach diesem Erlebnis durchaus wieder Wild essen können. Sogar mit Genuß – ohne störende Bilder der Erinnerung.

Hauptsache allerdings, das Fleisch war frisch. Überlanges Abhängen, bis das Stück fast schwarz wird und den berüchtigten „Haut goût" entwickelt, war nie nach meinem Geschmack. Die Neue Küche (und natürlich die Tiefkühltechnik) hat damit auch ebenso gründlich aufgeräumt wie das in Gehegen gezüchtete Parkwild.

Jagd- und Schonzeiten sind in den einzelnen Ländern sehr unterschiedlich. Fragen Sie Ihren Händler, ob das Wild frisch ist. Und: Fragen Sie nach einem möglichst jungen Tier! „Oldies" unter den Hirschen und Rehen, den Hasen und Kaninchen sind meistens zäh. Da hilft auch tagelanges Beizen nur wenig. Aus der hohen Kochschule von Eckart Witzigmann stammt ein delikates Wildgericht, das Sie schon einen Tag im voraus zubereiten können. Frei nach dem Wilhelm-Busch-Vers: „ . . . wovon er besonders schwärmt, wenn es wieder aufgewärmt".

➤ Rehragout mit grünem Pfeffer und Orangenstreifen

Zutaten für vier bis sechs Personen

2 kg Rehschulter
60 g Schweineschmalz
1 EL Mehl

Zubereitung

Die Rehschulter beim Metzger auslösen und die Knochen hacken lassen (daraus entsteht der Wildfond – siehe

3 Zwiebeln
1 Thymianzweig
1 Lorbeerblatt
1 Nelke
10 Wacholderbeeren
4 cl Cognac
1 Fl. Burgunder
0,2 l Crème double (oder Schlagsahne)
1/2 l Wildfond (oder kräftige Rindsbrühe)
20 g Pfefferkörner
1 Orange
Salz, Pfeffer

Stichwort Fond am Schluß des Kapitels). Das Fleisch in vier Zentimeter große Stücke zerteilen. In einem Schmortopf das Schweineschmalz erhitzen und darin die mit Mehl bestäubten Fleischstücke anbraten. Die gehackten Zwiebeln und die Gewürze hinzugeben, den Cognac darübergießen, kurz ein brennendes Streichholz daran halten, damit der Alkohol verbrennt, und schließlich den Rotwein und den Fond bzw. ersatzweise die Brühe angießen. Salzen, pfeffern und ca. 90 Minuten bei geschlossenem Deckel sanft köcheln lassen. Danach die Fleischstücke mit der Gabel herausfischen, auf einen Teller geben und die Brühe durch ein Sieb passieren. Die Flüssigkeit wieder zurück in den Topf geben und zusammen mit der Crème double auf etwa die Hälfte zu einer sämigen Sauce einkochen. Das Fleisch zurück in die Sauce geben. Erst kurz vor dem Servieren werden die abgetropften Pfefferkörner sowie einige hauchdünn geschnittene Streifen von der fein abgeschälten Orange untergerührt.

Als Beilage: Kartoffelpüree oder Kroketten oder Nudeln und Preiselbeerkompott.

Wenn Sie Ihren Gästen mit einem Luxus-Wildgericht imponieren wollen, das zudem nur wenige Minuten zur Fertigstellung braucht, empfehle ich Ihnen ein Elsässer Rezept nach Paul Haeberlin, die

➤ Hirschmedaillons mit Gänseleber in Cassis-Sauce

Zutaten für vier Personen

4 Medaillons à 100 g vom ausgelösten Hirschkalbsrücken
4 Scheiben frische Gänsestopfleber je 1,5 cm dick
1 Apfel
2 EL Butter
1 EL Öl zum Braten

Für die Sauce

0,2 l Madeira
0,2 l Portwein
3 cl Cassis (Likör von schwarzen Johannisbeeren)

Zubereitung

Die Sauce wird getrennt schon vorher zubereitet. Und zwar: Die alkoholischen Zutaten mit dem Wildfond (siehe Kasten) aufkochen und fast um die Hälfte reduzieren. Die Crème double dazugeben und wiederum einköcheln, bis die Sauce eine leicht sämige Konsistenz hat. Mit ein paar Spritzern Zitronensaft, etwas abgeriebener Orangenschale, Salz und Pfeffer würzen.

0,2 l Crème double (oder Schlagsahne)
0,2 l Wildfond
1 Orange
1 Zitrone
Salz, Pfeffer
etwas Johannisbeermarmelade

Den Apfel schälen, das Gehäuse ausstechen, vier Ringe daraus schneiden und mit Zitronensaft beträufeln.

Erst kurz vor dem Essen zwei große Pfannen vorbereiten: In der einen werden (wenn die Gäste schon Platz genommen haben) in je einem Eßlöffel Öl und Butter die gesalzenen und gepfefferten Hirschmedaillons von jeder Seite ca. drei Minuten gebraten, während in der anderen Pfanne in einem Eßlöffel Butter erst die Apfelringe angedünstet und dann die Gänseleber (vorsichtig, die Pfanne darf nicht zu heiß sein!) schnell mitgebraten werden. Beides geht mit etwas Übersicht zur gleichen Zeit.

Angerichtet werden die Medaillons mit je einer Scheibe Gänseleber darauf, einem Apfelring darüber und einem „Krönchen" aus Johannisbeermarmelade. Dazu passen Kartoffeln oder Nudeln in jeder Form.

Kaninchen und Hasen bilden zoologisch eine Großfamilie. In wilder Form ist ihr Fleisch dunkel und würzig. Das Stallhäschen hingegen liefert ein ganz helles, zartes, fast geschmacksneutrales Fleisch.

Nur bei uns wurden Meister Lampe und Gattin eher in die bäuerliche Küche abgeschoben. Bei Feinschmeckermenüs waren sie selten vertreten. Es ist noch gar nicht so lange her, daß Alfred Walterspiel, der ,,Guru'' aller deutschen Köche, neben einem Hasenpfeffer-Angebot für die Speisekarte handschriftlich notierte: ,,Falls im Restaurant nicht verlangt, für mich und das Personal verwenden.''

Die echten Feinschmecker waren schon damals *hinter* der Durchreiche zu finden!

Das erste Kaninchengericht kommt aus Italien. Ein Schmorgericht zum Vorbereiten.

➤ Kaninchenragout mit Oliven und Nüssen

Zutaten für vier Personen
1 junges Kaninchen (vom Metzger in Stücke zerteilt)
1/2 Tasse Kräuteressig
3 Tassen Wasser
1 Stengel frischer Salbei
1 Zweig Rosmarin
1 Zweig Thymian
100 g Walnüsse, geschält, grob gehackt
100 g grüne Oliven, entkernt

Zubereitung

Aus Essig und Wasser eine Marinade bereiten und die Kaninchenstücke für einige Stunden darin einlegen.

Mit Küchenkrepp die Fleischstücke trockentupfen, salzen, pfeffern und mit Mehl bestäuben.

In einem Schmortopf das Olivenöl heiß werden lassen,

1 Tasse Rotwein *2 Tassen kräftige Rindsbrühe* *0,2 l Sahne* *1 EL Mehl* *5 EL Olivenöl* *Salz, Pfeffer*	*das Fleisch kräftig ringsherum anbraten, die Kräuter und die Nüsse hinzugeben und nach einer Minute mit Rotwein und Brühe ablöschen. Deckel drauf und 30 Minuten schmoren lassen.* *Dann den Deckel abnehmen, die Sahne angießen und weitere 30 Minuten sanft einköcheln lassen. Zum Schluß die Oliven beigeben und mit Salz und Pfeffer abschmecken.*

In Italien wird dazu Polenta aus Maismehl serviert. Aber es passen genauso gut Nudeln oder Kartoffeln dazu. Zum Festtags-Feinschmeckergericht wird Meister Lampe nach einem französischen Rezept der „Nouvelle Cuisine":

Hasenrücken mit Cognac-Sauce und Trauben ➤

Zutaten für vier bis sechs Personen	**Zubereitung**
2 fertige Hasenrücken, ungespickt **Für die Marinade** *1 Bund Suppengrün, fein geschnitten* *1 Schalotte, gehackt*	*Die Zutaten für die Marinade verrühren, über die beiden Hasenrücken gießen und zugedeckt einen Tag ziehen lassen.* *Die Hasenrücken herausnehmen, die Marinade durch ein Sieb gießen und auffangen.*

4 Wacholderbeeren
2 Nelken
1 Lorbeerblatt
1/2 Tasse Cognac oder Weinbrand
4 EL Olivenöl
Salz, Pfeffer

Für die Sauce

0,2 l Crème double (oder Schlagsahne)
50 g Butter
Saft einer halben Zitrone
400 g Muskat-Trauben
Salz, Pfeffer

Den Backofen auf 200° vorheizen. In einer großen, feuerfesten Pfanne 50 g Butter zerlaufen lassen, die Hasenrücken mit der Fleischseite nach unten hineinlegen und im Backofen auf mittlerer Schiene ca. 15 Minuten braten lassen. Das Fleisch herausnehmen, auf eine vorgewärmte Platte legen, salzen, pfeffern und leicht mit Folie abdecken. Das Bratfett aus der Pfanne abgießen, Marinade und Crème double angießen, alles unter Rühren schnell sämig einkochen. Mit Salz, Pfeffer und Zitronensaft würzen und die halbierten und entkernten Trauben hineingeben.

Die Hasenrücken mit etwas Sauce begießen, den Rest in einer Saucière reichen. Dazu schmeckt in Salzwasser gekochter frischer Rosenkohl, den man kurz in der Pfanne mit etwas Butter sowie einer Prise Zucker und Muskat schwenkt.

Vom Umgang mit Hase und Reh

Da Wildfleisch fettarm ist, neigt es beim Braten zum Austrocknen. Durch Spicken dem Fleisch Fett zuführen, ist nur *eine* Methode, aber sicher nicht die beste. Denn die Spicknadel zerreißt die Fleischfasern und läßt den Saft austreten. Besser ist es, den Braten zu „bardieren", d. h. mit einem Mantel aus frischen (grünen) Speckscheiben zu umhüllen. Man bindet den Speckmantel wie bei einer Roulade mit Fleischgarn fest. *Beizen* hat noch keinem Wildfleisch geschadet, es wird dadurch mürber und würziger. Aber bitte nicht übertreiben, sonst wird der feine Wildgeschmack zugedeckt. Meistens reicht es, wenn man ein paar Wacholderbeeren, Pfefferkörner und ein Lorbeerblatt zerstößt, damit das Fleisch einreibt und mit einem neutralen Öl nachpinselt. In Folie eingeschlagen, läßt man das Fleisch 12 bis 24 Stunden ruhen. Einen sehr starken Wildgeschmack (Haut goût), der meistens durch überlanges Abhängen entsteht, „entschärft" man durch eine Buttermilchbeize.

Die besten Wildsaucen basieren immer auf einem *Fond* aus den Knochen. Machen Sie sich die kleine Mühe, es lohnt sich. Ein bis zwei Kilo gehackte Wildknochen werden in etwas Öl, einer kleingeschnittenen Zwiebel und Suppengrün angeröstet, mit einer Flasche Rotwein und einem Liter Wasser abgelöscht, zwei Stunden gekocht und durch ein Sieb passiert. Die Brühe läßt man auf einen halben bis maximal einen Liter einkochen und friert sie dann ein. So hat man jederzeit auch zu einem kurzgebratenen Stück Wild eine Saucenbasis zur Hand, die man z. B. nur mit etwas Sahne, Cognac, Salz und Pfeffer zuerst auf- und dann noch etwas einkochen läßt. Bequemer ist natürlich ein fertiger Wildfond aus dem Glas.

Wild und Wein

die kulinarische Traumhochzeit

Nicht kleckern, sondern klotzen! So lautet unser Trinkspruch beim festlichen Wildmenü. Zu Hirsch oder Hase dürfen Sie aus der Rotweinecke ruhig mal die ,,schweren Kaliber'' holen: füllige, samtige, man könnte auch sagen ,,barocke'' Weine, die sich fast wie die Farbe schwarzer Johannisbeeren im Glas spiegeln.

Wild hat von Natur aus einen zart süßlichen Geschmack, was wunderbar harmoniert mit einem großen Burgunder – für den man allerdings tief in den Geldbeutel langen muß. Nicht umsonst heißt es vom Burgunder, er sei ,,der König der Weine und der Wein der Könige''. Königlich ist auch sein Preis.

Der teuerste Rotwein der Welt kommt zum Beispiel aus Burgund: der ,,Romanée Conti'', Schätzpreis je nach Jahrgang um 500 DM pro Flasche! Burgunder-ähnliches hingegen gibt es schon in guter Qualität knapp unter 20 DM.

Bleiben wir zunächst im eigenen Land, das zwar nur ganz wenige ,,Rotweininseln'' hat, aber die sind durchaus akzeptabel. Der Spätburgunder vom Höllenberg im rheinischen Aßmannshausen zum Beispiel gilt selbst bei den französischen Rotwein-Freaks als bemerkenswert. Auch weiter südlich im Badischen findet man ein paar interessante Spätburgunder.

Zum Thema Wild dürfen Sie fast ungehindert die internationale Rotweinskala rauf und runter hüpfen.

Der schweizerische ,,Dôle'' zum Beispiel, aus dem sonnenverwöhnten Kanton Wallis, hat einen leichten Burgunder-Anklang.

Der große Knüller zum Wild jedoch, der selbst Weinexperten zum Rätselraten bringt (wenn man das Flaschenetikett verdeckt), ist ein guter ,,Rioja reserva'' aus dem spanischen Ebro-Tal. Der Jahrgang 1981 ist von außergewöhnlicher Qualität, gut sind auch die Jahre 1982, 1985 und 1988. Mit diesen Weinen kann man Effekte erzielen und Rätselwetten gewinnen (siehe oben). Ich würde den Rioja allerdings zwei Stunden vor dem Genuß in eine Karaffe umfüllen.

Italien hat sich längst über die Billig-Weine in bastumwickelten Korbflaschen hinaus mit Qualität profiliert.

Man findet heute sogar schon unter den inflationierten Allerweltsnamen wie *Bardolino, Valpolicella* und *Chianti* ganz erstaunliche Weine. Besonders unter den Chiantis. Aber das italienische Weinmeer ist so groß, daß man ohne Hilfestellung, sprich Beratung, fast ein wenig hilflos darin umherschwimmt. Am besten zum Wild paßt für meinen Geschmack ein *Barolo* aus dem Piemont, der westlichsten Ecke Italiens. Der Barolo ist ein männlich-robuster, kraftvoller Wein, der bei den Traditionswinzern drei Jahre im Holzfaß gereift ist. Die Jahrgänge 1978, 1979 und 1982 waren außergewöhnlich gut, die Jahre 1985 bis 1988 sehr ansprechend.

Das Menü

des Monats

(Alle Rezepte finden Sie unter dem jeweiligen alphabetischen Stichwort im Register)

Januar

Friséesalat mit Gruyère-Käse

Schweinerollbraten mit Ingwer-Apfelsauce

Apfelschmarrn mit Karamel-Nüssen

Weinempfehlung: Noch ist der Beaujolais nouveau wirklich „nouveau". Die zarte Süße der Gamay-Traube paßt sowohl zu Käse wie zu Ingwer und Apfel.

Februar

Käsesuppe aus dem Jura

Gefülltes Rindsfilet im Mangoldmantel

Mokkacrème Brazil

Weinempfehlung: Das Rindsfilet verlangt nach einem kräftigeren tanninreicheren Wein, einem runden Bordeaux aus St. Emilion, Jahrgang 1982, 1985 oder 1988/89.

März

Waldorf-Salat mit Walnuß-Dressing

Ente à l'Orange Lasserre

Amaretto-Parfait mit Makronen

Weinempfehlung: Die fruchtige Süße der Entensauce und des Desserts vermählt sich harmonisch mit einem schönen Burgunder. 1985 und 1988 waren Traumjahre!

April

Überbackene Miesmuscheln provenzalisch

Lamm-Curry mit Kartoffeln und Zwiebeln

Glacierte Apfeltorte Tatin

Weinempfehlung: Die Franzosen würden einen Beaujolais Village (z. B. Fleurie oder Brouilly) dazu öffnen oder einen Côtes-du-Rhône. Aber auch ein Württemberger Trollinger paßt dazu.

Mai

Spargel mit Weinsauce und Wachtelei

Jakobsmuscheln in Orangen-Basilikum-Sauce

Gewürz-Früchtestrudel

Weinempfehlung: Im Frühsommer sind nicht nur in Deutschland Weißweine angesagt. Zu der sahnigen Süße der Jakobsmuscheln harmonieren etwas kräftigere Weiße: ein Riesling aus dem Elsaß, ein Schweizer Dézaley oder ein Grüner Veltliner aus der Wachau.

Juni

Hummerschaumsüppchen mit Möwenei

Spargel mit Schinkenmousse und grüner Sauce

Armagnac-Pflaumen mit Karamel- und Zitroneneis

Weinempfehlung: Zu diesem sehr ,,deutschen'' Menü bleiben wir beim deutschen Wein. Schön sind ein badischer Riesling oder ein feiner Gutedel. Wenn man sie noch bekommt: eine trockene Spätlese der Jahre 1988/89.

Juli

Beschwipste Matjes mit Erdnußsauce

Tafelspitz mit Stilton und Bouillonkartoffeln

Früchteteller mit Eis und Traminerschaum

Weinempfehlung: Es gibt sehr schöne trockene Gewürztraminer und Tocais aus dem Elsaß, die nicht aufdringlich parfümiert sind. Fragen Sie Ihren Weinhändler.

August

Feldsalat mit Speck-Croutons und Spiegelei

Schinkenpastete Davidis

Pfirsich in Honiglikör mit Vanille-Eis

Weinempfehlung: Zur heißen Jahreszeit bietet sich ein gut gekühlter Rosé aus der Provence an. Sparen Sie nicht am Preis. Die wirklich Guten (Domaine Ott, Château Minuty etc.) sind nicht billig!

September

Risotto mit Steinpilzen

Steinbutt mit Champignons in Rotweinsauce

Salzburger Nockerln

Weinempfehlung: Eigentlich müßten Sie auch den Rotwein trinken, den Sie für die Sauce verwendet haben. Aber ganz so puristisch muß man das Thema Wein auch nicht sehen. Gut passen würde ein fränkischer oder pfälzischer Kerner, eine Scheurebe im trockenen Spätlese-Bereich oder ein Weißburgunder.

Oktober

Nuß-Sauce mit Ricotta auf Tagliatelle

Hasenrücken mit Cognac-Sauce und Trauben

Südfrüchte-Sorbet in der Schale

Weinempfehlung: Konventionell ist es sicher nicht: Aber wenn Sie aus dem Rheingau oder von der Mosel eine Riesling-Spätlese (trocken) aus exzellenten Jahrgängen und von einem guten Winzer bekommen können, dann würde die Fülle und feine Säure dieser guten Rieslingjahrgänge das Oktober-Menü hervorragend komplettieren.

November

Geflügelleber-Terrine mit Tomatenkompott

Coq au Vin Burgund

Mokka-Torte Roma

Weinempfehlung: Natürlich bietet sich hier der für die Sauce verwendete Burgunder an. Aber warum immer ein französischer? Bei Aßmannshausen im Rheingau wächst ein wunderschöner fülliger Spätburgunder in die Flasche!

Dezember

Lachs-Carpacchio mit Kaviar auf Wodkasauce

Hirschmedaillons mit Gänseleber in Cassis-Sauce

Mascarpone-Nußtorte mit Amaretto

Weinempfehlung: Zu diesem Festmenü müßte man eigentlich zwei Weine reichen: zur Vorspeise vielleicht einen Chardonnay aus Österreich bzw. Oberitalien, auch einen deutschen (trockenen) Weißburgunder und zum Wild dann einen Schweizer ,,Dôle'' oder einen italienischen Brunello di Montalcino bzw. Barbaresco der Jahre 1983, 1985, 1988.

Dinner für zwei

im Rhythmus der Jahreszeiten

(Alle Rezepte finden Sie unter dem jeweiligen alphabetischen Stichwort im Register)

Vier Menüs, die man vorbereiten und dann schnell à la minute komplettieren kann, runden die Rezeptangebote ab. Die Mengenangaben werden entweder halbiert oder – man friert den Rest einfach ein.

Frühjahr

Rehfilet auf Pilzsalat mit Himbeer-Vinaigrette

Hühner-Curry mit Ingwer und Mandeln

Kipferl-Apfelschmarrn

Weinempfehlung: Ein eleganter Tocai aus dem Elsaß, natürlich trocken, harmoniert gut mit dem üppigen Würzangebot der Gerichte.

Sommer

Grüner Spargel mit Basilikum-Vinaigrette

Gratinierte Tournedos mit Portwein

Pfirsich Melba

Weinempfehlung: Ein duftig-zarter Sommer-Rotwein aus dem Languédoc-Roussillon oder ein Côtes-du-Rhône, beide so kühl wie Weißweine serviert, schmecken auch in den warmen Monaten gut.

Herbst

Käsesuppe aus dem Jura

Lammkotelett mit Erdnüssen

Mokkacrème Brazil

Weinempfehlung: Ein Pinot Noir aus dem Wallis oder ein Blaufränkischer aus Österreich und natürlich ein Spätburgunder aus dem Badischen, zu Lamm und Käse darf man vollmundige Weine reichen.

Winter

Trenette al Pesto

Rehragout mit grünem Pfeffer und Orangenstreifen

Schoko-Brownies

Weinempfehlung: Ein runder Roter aus Rioja, mindestens zwei Stunden vor dem Essen dekantiert (in eine Karaffe umgefüllt), ist ein molliger Winter-Wein. Der Jahrgang 1983 war exzellent, gut waren die Jahre 1985 und 1988.

Register der Rezepte

R

S

Heute: